2015—2016年
中国工业和信息化发展
系列蓝皮书

2015-2016年中国北斗导航产业发展蓝皮书

The Blue Book on the Development of Beidou
Navigation Industry in China（2015-2016）

中国电子信息产业发展研究院　编著

主　编/樊会文

副主编/李宏伟

人民出版社

责任编辑：邵永忠

封面设计：佳艺时代

责任校对：吕　飞

图书在版编目（CIP）数据

2015-2016 年中国北斗导航产业发展蓝皮书 / 樊会文　主编；

中国电子信息产业发展研究院　编著 . — 北京：人民出版社，2016.8

ISBN 978-7-01-016527-1

Ⅰ . ① 2… Ⅱ . ①樊… ②中… Ⅲ . ①卫星导航—产业发展—研究报告—

中国— 2015-2016 Ⅳ . ① TN967.1 ② F426.63

中国版本图书馆 CIP 数据核字（2016）第 174780 号

2015-2016年中国北斗导航产业发展蓝皮书

2015-2016NIAN ZHONGGUO BEIDOU DAOHANG CHANYE FAZHAN LANPISHU

中国电子信息产业发展研究院　编著

樊会文　主编

人民出版社 出版发行

（100706　北京市东城区隆福寺街 99 号）

北京市通州京华印刷制版厂印刷　新华书店经销

2016 年 8 月第 1 版　2016 年 8 月北京第 1 次印刷

开本：710 毫米 ×1000 毫米　1/16　印张：10.75

字数：180 千字

ISBN 978-7-01-016527-1　定价：59.00 元

邮购地址　100706　北京市东城区隆福寺街 99 号

人民东方图书销售中心　电话（010）65250042　65289539

代　序

在党中央、国务院的正确领导下，面对严峻复杂的国内外经济形势，我国制造业保持持续健康发展，实现了"十二五"的胜利收官。制造业的持续稳定发展，有力地支撑了我国综合实力和国际竞争力的显著提升，有力地支撑了人民生活水平的大幅改善提高。同时，也要看到，我国虽是制造业大国，但还不是制造强国，加快建设制造强国已成为今后一个时期我国制造业发展的核心任务。

"十三五"时期是我国制造业提质增效、由大变强的关键期。从国际看，新一轮科技革命和产业变革正在孕育兴起，制造业与互联网融合发展日益催生新业态新模式新产业，推动全球制造业发展进入一个深度调整、转型升级的新时期。从国内看，随着经济发展进入新常态，经济增速换挡、结构调整阵痛、动能转换困难相互交织，我国制造业发展也站到了爬坡过坎、由大变强新的历史起点上。必须紧紧抓住当前难得的战略机遇，深入贯彻落实新发展理念，加快推进制造业领域供给侧结构性改革，着力构建新型制造业体系，推动中国制造向中国创造转变、中国速度向中国质量转变、中国产品向中国品牌转变。

"十三五"规划纲要明确提出，要深入实施《中国制造2025》，促进制造业朝高端、智能、绿色、服务方向发展。这是指导今后五年我国制造业提质增效升级的行动纲领。我们要认真学习领会，切实抓好贯彻实施工作。

一是坚持创新驱动，把创新摆在制造业发展全局的核心位置。当前，我国制造业已由较长时期的两位数增长进入个位数增长阶段。在这个阶段，要突破自身发展瓶颈、解决深层次矛盾和问题，关键是要依靠科技创新转换发展动力。要加强关键核心技术研发，通过完善科技成果产业化的运行机制和激励机制，加快科技成果转化步伐。围绕制造业重大共性需求，加快建立以创新中心为核心载体、以公共服务平台和工程数据中心为重要支撑的制造业创新网络。深入推进制造业与互联网融合发展，打造制造企业互联网"双创"平台，推动互联网企业构建制

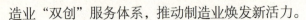

造业"双创"服务体系，推动制造业焕发新活力。

二是坚持质量为先，把质量作为建设制造强国的关键内核。近年来，我国制造业质量水平的提高明显滞后于制造业规模的增长，既不能适应日益激烈的国际竞争的需要，也难以满足人民群众对高质量产品和服务的热切期盼。必须着力夯实质量发展基础，不断提升我国企业品牌价值和"中国制造"整体形象。以食品、药品等为重点，开展质量提升行动，加快国内质量安全标准与国际标准并轨，建立质量安全可追溯体系，倒逼企业提升产品质量。鼓励企业实施品牌战略，形成具有自主知识产权的名牌产品。着力培育一批具有国际影响力的品牌及一大批国内著名品牌。

三是坚持绿色发展，把可持续发展作为建设制造强国的重要着力点。绿色发展是破解资源、能源、环境瓶颈制约的关键所在，是实现制造业可持续发展的必由之路。建设制造强国，必须要全面推行绿色制造，走资源节约型和环境友好型发展道路。要强化企业的可持续发展理念和生态文明建设主体责任，引导企业加快绿色改造升级，积极推行低碳化、循环化和集约化生产，提高资源利用效率。通过政策、标准、法规倒逼企业加快淘汰落后产能，大幅降低能耗、物耗和水耗水平。构建绿色制造体系，开发绿色产品，建设绿色工厂，发展绿色园区，打造绿色供应链，壮大绿色企业，强化绿色监管，努力构建高效清洁、低碳循环的绿色制造体系。

四是坚持结构优化，把结构调整作为建设制造强国的突出重点。我国制造业大而不强的主要症结之一，就是结构性矛盾较为突出。要把调整优化产业结构作为推动制造业转型升级的主攻方向。聚焦制造业转型升级的关键环节，推广应用新技术、新工艺、新装备、新材料，提高传统产业发展的质量效益；加快发展3D打印、云计算、物联网、大数据等新兴产业，积极发展众包、众创、众筹等新业态新模式。支持有条件的企业"走出去"，通过多种途径培育一批具有跨国经营水平和品牌经营能力的大企业集团；完善中小微企业发展环境，促进大中小企业协调发展。综合考虑资源能源、环境容量、市场空间等因素，引导产业集聚发展，促进产业合理有序转移，调整优化产业空间布局。

五是坚持人才为本，把人才队伍作为建设制造强国的根本。新世纪以来，党和国家深入实施人才强国战略，制造业人才队伍建设取得了显著成绩。但也要看到，制造业人才结构性过剩与结构性短缺并存，高技能人才和领军人才紧缺，基础制造、高端制造技术领域人才不足等问题还很突出。必须把制造业人才发展摆在更加突出的战略位置，加大各类人才培养力度，建设制造业人才大军。以提高现代经营管理水平和企业竞争力为核心，造就一支职业素养好、市场意识强、熟悉国内外经济运行规则的经营管理人才队伍。组织实施先进制造卓越工程师培养计划和专业技术人才培养计划等，造就一支掌握先进制造技术的高素质的专业技术人才队伍。大力培育精益求精的工匠精神，造就一支技术精湛、爱岗敬业的高技能人才队伍。

"长风破浪会有时，直挂云帆济沧海"。2016 年是贯彻落实"十三五"规划的关键一年，也是实施《中国制造 2025》开局破题的关键一年。在错综复杂的经济形势面前，我们要坚定信念，砥砺前行，也要从国情出发，坚持分步实施、重点突破、务求实效，努力使中国制造攀上新的高峰！

工业和信息化部部长

2016 年 6 月

前　言

全球四大卫星导航系统分别为美国的 GPS（全球定位系统）、俄罗斯的 GLONASS（格洛纳斯）、欧盟的 Galileo（伽利略）以及中国自主研发建设的北斗卫星导航系统。美欧俄凭借在技术、人才和资本领域的优势，长期占据着卫星导航应用产业的主导地位，并将继续引领全球卫星导航产业的发展。目前，全球卫星导航产业已呈现出从单一 GPS 应用向多系统兼容应用转变，从以导航应用为主向导航与移动通信、互联网等融合应用转变，从终端应用为主向产品与服务并重转变三大发展趋势。竞争与合作并存的国际格局以及产业融合发展也已成为常态。卫星导航产业现在已经到了向规模化、大众化和全球化发展的关键转折期，全球卫星导航产业发展规模日益扩大，产值不断增长。

一

以美国 GPS 系统、中国北斗系统、俄罗斯格洛纳斯系统、欧洲伽利略系统为主，全球卫星导航产业已形成较为完备的技术和产业体系。赛迪智库测算，2015年全球卫星导航产业规模为 1593 亿美元，比 2014 增长 8.9%。其中，美国卫星导航产业规模约为 450 亿美元，欧洲卫星导航产业规模约为 400 亿美元，中国卫星导航产业规模约 380 亿美元。

随着新一代信息技术的迅猛发展，卫星导航产业与物联网、移动互联网、大数据等新技术、新业务走向深度融合、共同发展。大众市场的发展趋势已经从单独的销售导航应用产品向产品与服务并重转变的变化趋势。这种变化将进一步加速推动卫星导航产业的规模化和服务大众化的程度，使得卫星导航产业应用向多元客户、全域服务转变。

二

近年来，我国卫星导航产业迅猛发展，北斗卫星导航产业生态体系初步形成。随着经济社会各领域对高性能、高精度的卫星导航设备需求日益旺盛，北斗产业链关键环节自主可控水平不断提高，北斗终端产品制造能力、服务能力显著提升、应用范围快速拓展。赛迪智库通过对2015年我国卫星导航产业和北斗产业的形势分析与判断，认为：2015年我国卫星导航产业产值约为2678亿元，比2014年增长27%，与2014年35%的增长率相比有所放缓，但保持高速增长的态势；2015年北斗产业的总产值达877亿元左右，占我国卫星导航产业产值的33%左右。

2015年，我国共成功发射4颗新一代北斗卫星，标志着北斗系统已迈入全球组网并进入加速发展的阶段；国产北斗芯片、板卡等关键性技术已获得重大突破；随着我国北斗系统功能的不断加强，其市场空间不断得到拓展；在"一带一路"战略积极推动下，北斗国际化步伐进一步加快，逐步走出一条开放兼容的发展之路；海格通信、北斗星通等北斗企业纷纷采取一系列并购措施进行市场布局，加速资源进一步整合。2015年北斗导航产业发展的特点是：新一代北斗系统实现多项技术创新；高精度定位开始在市场上广泛应用；运营服务正在成为新的增长点；技术和产业的跨界融合不断加剧等。

三

2015年，我国国家层面和地方层面相继出台了一系列北斗导航产业相关政策，极大地助推了北斗导航产业全链条发展、多领域应用和多技术融合，初步形成了"政策带动市场拓展和技术进步、市场拉动技术创新、技术引领市场需求、技术和行业发展反向倒逼政策创新"的良性发展态势。目前，北斗导航产业正处于大发展、大变化、大转折的时期，全球四大卫星导航系统并存以及与其他信息技术和系统的相互渗透、融合、集成已成为大趋势。不少地方政府顺应时代发展要求，结合国家重大战略和工程，立足当地资源禀赋，相继出台了一系列有关北斗卫星导航产业发展的政策和规划，以期在推动北斗卫星导航产业高速度、跨越式、可持续发展的同时，带动相关产业发展、推动产业结构调整、促进经济社会转型。

四

2015年，北斗卫星导航产业链在多个环节实现创新突破，在芯片方面，我国发布全球首款全系统多核高精度导航定位系统级芯片——"NebulasII"，这意味着国产芯片不但具备了国际竞争力，而且逐步成为导航芯片市场的引领者。武汉梦芯科技有限公司自主研发的启梦芯片获得成功。中俄将共同生产北斗导航芯片，未来应用前景广泛。在终端方面，北斗终端产品逐步占据国内市场主流，车载导航终端成为近期发展最大市场，北斗应用终端逐步迈入智能化时代。在北斗系统集成与运营服务方面，军民融合助力北斗服务平台运行发展升级，2015年12月北斗（河南）信息综合服务平台项目达到建设设计要求，成为我国目前为止建设精度最高、施工设计最为规范、覆盖区域最广、服务人口最多的高精度北斗信息综合服务平台。更多行业获取北斗民用分理服务试验资质，随着室内外无缝定位技术的发展，北斗的运营服务质量也将得到相应的提升。

五

根据全球卫星导航产业、我国卫星导航产业以及北斗产业的发展趋势，赛迪智库认为：

第一，2016年全球卫星导航系统产业规模将超过1600亿美元，同比增长7%，到2020年全球导航卫星产业的规模将超过2100亿美元的规模。

第二，2016年我国卫星导航产业规模3101亿元左右，预计到2020年我国卫星导航产业在4600亿元左右，2016年到2020年我国卫星导航产业增长率为12%左右。

第三，2016年我国北斗卫星导航产业规模1245亿元左右，同比增长42%；预计到2020年北斗卫星导航产业规模3200亿元左右，2016年到2020年我国北斗卫星导航产业增长率为30%左右，将占全国卫星导航产业规模的71%左右。

作为工业和信息化部赛迪智库军民结合研究所推出的第三部北斗导航产业发展蓝皮书，本书旨在全面、系统、客观总结全球卫星导航产业的发展现状，特别是我国近一年来我国北斗卫星导航产业的发展现状及特点趋势等，以为有关部门决策、学术机构研究和北斗卫星导航产业发展提供参考和支撑，为促进我国北斗卫星导航产业的发展贡献力量。

北斗卫星导航产业是典型的军民结合产业，对该领域的深入研究是一项极富挑战性的工作。赛迪智库军民结合研究所投入大量的人力、物力，进行了广泛的调查和认真细致的研究，最终形成该蓝皮书。敬请广大专家、学者和业界同人提出宝贵意见。

目 录

热 点 篇

产 业 链 篇

行 业 市 场 篇

区 域 篇

企 业 篇

展 望 篇

综合篇

第一章 2015年全球卫星导航产业发展状况

第一节 市场规模与增长

卫星导航系统是一个国家的战略性基础设施,对于促进经济社会发展和保障国家安全都具有重要作用。美国、俄罗斯、中国、印度、日本等主要国家都在不断完善本国卫星导航基础设施建设,大力发展卫星导航相关产业。当前,以美国GPS系统、中国北斗系统、俄罗斯格洛纳斯系统、欧洲伽利略系统为主,全球卫星导航产业已形成较为完备的技术和产业体系。以美国新研制的GPS-III系列卫星为代表,通过采用可重构载荷计算和全数字化导航有效载荷等新技术,进一步优化卫星的先进模块化设计、原子钟授时系统、抗辐射加固计算机以及大功率发射机等方面的性能,实现对GPS信号及其传输过程的在轨可编程。新技术的应用不仅可以有效解决导航载荷中GPS-II的频率干扰和信号串扰等问题,并且将大幅降低导航卫星研制成本。导航卫星成本降低和导航载荷问题的解决,将促进全球导航卫星产业保持快速增长态势。

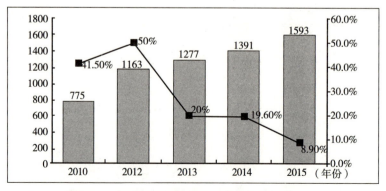

图1-1 2010—2015年全球卫星导航系统市场增长情况(亿美元)

资料来源:赛迪智库整理,2016年3月。

赛迪智库测算，2015年全球卫星导航产业规模为1593亿美元，比2014增长8.9%。其中，美国卫星导航产业规模约为450亿美元，欧洲卫星导航产业规模约为400亿美元，中国卫星导航产业规模约380亿美元（见图1-1）。

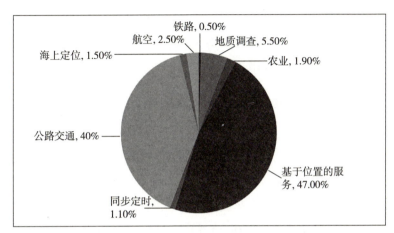

图1-2　全球卫星导航产业主要行业分布

资料来源：赛迪智库，2016年3月。

赛迪智库测算，在全球定位导航卫星产业中，应用领域最多的是基于位置的服务（LBS），其产值约为700亿美元，而公路交通行业的应用仅次于LBS服务，其产值约为600亿美元，而导航卫星产业在其他领域，如地质调查、农业、海上定位、航空、铁路和同步定时的产值约为200亿美元（见图1-2）。

第二节　基本特点

一、导航终端设备探索多系统兼容应用

当前，全球导航卫星定位系统的格局正在从单一的GPS系统向美国GPS系统、中国北斗系统、俄罗斯格洛纳斯系统、欧洲伽利略系统并存发展。各个导航系统卫星数量不断增加，通过解决多系统时空基准统一、多系统选星、多系统完好性等技术，可以有效提高导航定位精度、完好性、可用性，推动卫星导航终端设备从单一模式向多系统兼容方向转变。

二、导航产业与新一代信息技术深度融合

卫星导航应用市场正在出现新的需求，一是室外导航到室内外导航的快速、

无缝连接，二是消费、娱乐、社交等众多领域开始大量应用位置信息服务。卫星导航应用领域从传统的手机、电脑、相机等向智能手机、便携电脑、数码相机、健身器材、人员跟踪、可穿戴设备等行业扩展。卫星导航系统能够提供精准位置信息基础数据，物联网、移动互联网等运营服务商则根据不同应用领域需求，加工整合位置服务信息数据，通过商业创新模式，加快卫星导航产业与物联网、移动互联网等新兴产业的融合发展。

三、从行业应用加速向大众市场拓展

卫星导航产业的应用包括军事应用、行业应用和大众市场应用。最初，卫星导航产业在军事领域进行应用，并逐渐向航空、海洋等行业应用扩展。例如在交通领域，导航综合服务系统、智能后视镜、车载导航仪、行车视频记录仪、汽车定位跟踪器、安全驾驶预警器等车载导航终端设备应用快速发展。在大众消费领域，人员跟踪、可穿戴设备、移动支付等为卫星导航产业应用提供了广阔空间。大众市场正在成为卫星导航产业新的增长点，将推动整个产业从单纯的销售导航应用产品向产品与服务并重转变。

第三节　主要国家与地区卫星导航产业情况

除了空天系统建设外，卫星导航产业相关企业包括元器件制造商、系统集成商和增值服务商。其中元器件制造商中包括单独生产或者集成生产芯片、天线等与接收器相关的企业；系统集成商是将全球定位导航系统集成为如汽车、电子消费产品以及专用全球导航系统的设备的企业；增值服务商是用于完善全球导航卫星系统的接入和使用的服务企业，包括地图供应商、增强服务提供商和全球导航卫星系统校准或测试服务商（见表1-1—表1-4）。

表1-1　全球十大元器件制造商及所属国家

公司	国家	产品
高通（Qualcomm）	美国	无线电通信技术
天宝导航 （Trimble Navigation）	美国	全球定位系统接收器，激光测距仪，无人驾驶飞行器和惯性导航系统
博通（Broadcom）	美国	有线和无线通信系统半导体；软件解决方案

（续表）

公司	国家	产品
CSR（Cambridge Silicon Radio）	英国	单芯片的蓝牙芯片，GPS芯片
莱尔德科技集团（Laird）	英国	设计和制造无线天线产品
古野电气株式会社（Furuno Electric）	日本	电子应用机器，通信机器，医疗软件产品
美国罗克韦尔柯林斯公司（Rockwell Collins）	美国	航空电子；通信产品
德州仪器（Texas Instruments）	美国	开发、制造、销售半导体和计算机技术
Cobham	英国	发展、制造、销售支持卫星和无线电通信终端
海克斯康公司（Hexagon）	瑞典	测量技术

资料来源：赛迪智库整理，2016 年 3 月。

表 1-2 全球十大系统集成商

公司	国家	产品
丰田（Toyota）	日本	汽车、钢铁、机床、电子、纺织机械、纤维织品、家庭日用品、化工、建筑业
佳明公司（Garmin）	美国	智能手表、手环、手持GPS、便携式PND
通用汽车公司（General Motors）	美国	汽车
大众汽车（Volkswagen）	德国	汽车
福特汽车公司（Ford）	美国	汽车
苹果公司（Apple）	美国	电脑系列、媒体播放器、智能手机和平板电脑等硬件产品；在线服务、操作系统和多媒体浏览器等消费软件
三星电子（Samsung Electronics）	韩国	电视、手机、半导体、家电
日产（Nissan）	日本	汽车
中国第一汽车集团公司（China First Automob）	中国	汽车
本田株式会社（Honda）	日本	汽车、摩托车外、发电机、农机

资料来源：赛迪智库整理，2016 年 3 月。

表1-3　全球十大增值服务商

公司	国家	产品
谷歌（Google）	美国	开发并提供大量基于互联网的产品与服务
先锋公司（Pioneer）	日本	家用和汽车用电子设备
株式会社电装（Denso）	日本	汽车空调设备和供热系统、电子自动化和电子控制产品、燃油管理系统、散热器、火花塞、组合仪表、过滤器、产业机器人、电信产品以及信息处理设备
Clarion公司	日本	电子设备
Here Global公司	荷兰	
Tomtom	荷兰	生产导航和测绘产品、操作相机，GPS运动手表，车队管理系统，基于位置的产品
微软公司（Microsoft）	美国	操作系统、电脑软件提供商
Jeppesen Sanderson	美国	导航信息，运营管理和优化解决方案，机组人员和车队管理解决方案和飞行训练
天宝导航（Trimble Navigation）	美国	全球定位系统接收器，激光测距仪，无人驾驶飞行器和惯性导航系统
本田株式会社（Te lenav）	美国	卫星导航，本地搜索，汽车导航解决方案，移动广告，企业移动性和工作流程自动化

资料来源：赛迪智库整理，2016年3月。

表1-4　卫星导航板块上市公司列表（部分）

公司简称	产品及服务领域
北斗星通	基带芯片、板卡和，在国防装备、汽车电子导航、海洋、渔业等行业应用与运营
中国卫星	芯片、板卡、终端
同洲电子	芯片、模块和系统集成等领域
华力创通	生产天线、芯片、板卡、终端等北斗仿真测试设备
振芯科技	天线、芯片、板卡、终端和运营等领域
中海达	高精度GNSS终端产品
超图软件	导航终端技术与服务器终端技术

（续表）

公司简称	产品及服务领域
海格通信	芯片、天线、模块、整机、系统、运营服务
合众思壮	北斗天线、板卡和终端产品
四维图新	前装车载导航市场
四创电子	雷达、安全电子等领域为主营业务
盛路通信	北斗二代、三代天线
盈方微	集成电路设计、移动互联网终端应用处理器芯片
江苏三友	北斗/GPS双模同步系统装置与BDT-1北斗/GPS双模授时站间时间同步设备
欧比特	北斗芯片
深赛格	集成电路、GPS车载定位系统
北方导航	精密光机电一体化、遥感信息系统技术、智能控制技术

资料来源：赛迪智库整理，2016年3月。

从全球卫星导航产业下游产品的公司及其国家分布可见，美、欧、日等国牢牢掌握着卫星导航产业的核心技术。

美国的卫星导航应用基础设施、卫星导航技术、卫星导航产业等完整的卫星导航产业链，在全球卫星导航产业中处于主导地位。在全球的卫星导航产业核心生产企业中，博通、高通等公司具有领先的技术水平和巨大的市场占有率；在系统集成商和增值服务商中，福特汽车、通用汽车、苹果、微软、谷歌等公司已经成长为各自行业的领军企业。

在全球范围内，目前欧洲导航卫星产业位列第二位。欧洲卫星导航的产业中，企业发展水平和技术水平与美国相比，也具有一定的优势。欧洲卫星导航产业的生产企业、制造企业和服务运营商企业，已经基本形成了完整的应用链产业。在核心元器件生产公司中，意法半导体（STM）、瑟福（CSR-SiRF）等公司生产的芯片，莱卡（Leica Geosystems AG）等公司生产的天线，诺基亚公司生产的电子地图等地理信息数据产品，都处于全球领先地位。在系统集成商和增值服务商中，主要有大众、诺基亚等具有全球影响力的企业。

日本是亚洲地区最早开展卫星导航产业的国家，其发展水平与欧洲相当，已经形成了比较成熟的产业链。日本在核心元器件制造、系统集成行业、增值服务商等三大下游企业中同样占据重要位置，在电子地图、车辆导航系统、智能手机等行业应用领域具有较大优势。

俄罗斯的格洛纳斯导航系统，是全球范围内最早建设的卫星导航系统之一。目前，俄罗斯在核心卫星导航产业中，已经生产6种新型的芯片，内政部、联邦监狱和联邦药物管制局等部门开始研发卫星导航接收机等产品。美欧等国家的企业开发了多种与俄罗斯格洛纳斯卫星导航信号兼容或者支持的各种接收机，俄罗斯卫星导航应用产业面临巨大的技术、成本与性能的挑战。

中国在卫星导航产业的应用正处于加速发展的时期，基本形成了比较完整的产业链。从中国卫星导航企业来看，虽然在生产天线、芯片、板卡、终端和运营等领域保持自主创新，且具有一定的技术优势，但与美国、欧洲和日本等国相比，仍然存在规模偏小、生产成本偏高等问题。

第四节　2015年全球卫星导航产业重大进展

2015年，世界航天大国更加重视卫星导航系统建设，美国、俄罗斯、欧洲、印度卫星导航系统均有重要进展。其中，美国稳步推进GPS现代化改进计划，第三代GPS-III系统的研制也取得了突破；俄罗斯加大对格洛纳斯系统的投资力度，通过开展国际合作，加快建设卫星导航产业；欧洲发射6颗"伽利略"卫星，加快系统建设的速度；印度发射第4颗区域导航卫星，形成初始导航能力（见表1-5—表1-7）。

一、美国启动GPS-III计划

2015年3月、7月和10月，美国发射了3颗新一代导航卫星，分别为GPS-2F9、GPS-IIF10和GPS-IIF11，并投入运营。这是GPS-IIF系列是GPS-II系列的最后一个改进型号，共建造12颗卫星，第12颗卫星已于2016年2月份发射。

2015年，美国第三代全球定位系统GPS-III的首颗卫星完成了导航载荷、卫星平台和推进器等全面集成，下一步是开展GPS-III的升级测试任务。与现有的GPS-II系统相比，GPS-III系统更加经济，导航的精度和抗干扰的性能更强，寿命更长，可以满足未来30年系统技术扩展和用户需要。

表 1-5　美国 GPS 导航卫星建设规划与布局

阶段	发射时期	发射卫星				目前在轨和正常运行卫星
		成功	失败	准备	计划	
I	1978—1985	10	1	0	0	0
II	1989—1990	9	0	0	0	0
IIA	1990—1997	19	0	0	0	0
IIR	1997—2004	12	1	0	0	12
IIR-M	2005—2009	8	0	0	0	7
II-F	2010—2016	12	0	0	0	12
III-A	From 2017	0	0	0	12	0
III-B	—	0	0	0	8	0
III-C	—	0	0	0	16	0
卫星总数		70	2	0	36	31

资料来源：赛迪智库整理，2016 年 3 月。

表 1-6　中国北斗导航卫星建设规划与布局

阶段	发射时期	发射卫星			目前在轨和正常运行卫星
		成功	失败	计划	
I	2000—2007	4	1	0	0
II	2007—2012	16	0	0	14
III	2015—	5	0	19	5
卫星总数		25	1	19	19

资料来源：赛迪智库整理，2016 年 3 月。

表 1-7　欧洲伽利略导航卫星建设规划与布局

阶段	发射时期	发射卫星			目前在轨和正常运行卫星
		成功	失败	计划	
GIOVE	2005—2008	2	1	0	0
IOV	2007—2012	4	0	0	3
FOC	2014—	8	0	20	8
卫星总数		14	0	20	11

资料来源：赛迪智库整理，2016 年 3 月。

2015 年 12 月，美国总统奥巴马签署了综合拨款法案，将国会预算的 9.36 亿美元用于采购 GPS–IIF 卫星和 GPS–III 卫星、开发 GPS–III 卫星和军用 GPS 用户设备、发展下一代操作控制系统和 GPS 集成企业（见图 1–3）。

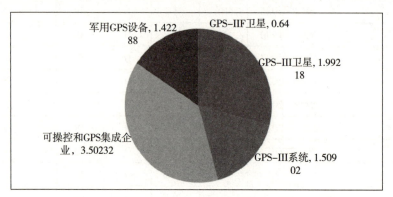

图1–3　2016年美国GPS维持及发展的项目预算(亿美元)

资料来源：美国 GPS 官网，赛迪智库整理，2016 年 3 月

在综合拨款法案中，美国政府还提出了采用综合性的资助措施，提供给运输部门用于资助民用 GPS 增强系统和相关项目。这些财政预算将被用于 GPS 设备采购、广域增强系统建设等。

二、欧洲加快伽利略导航卫星系统第一阶段建设

2015 年 1 月，欧洲重启"伽利略"系统卫星发射计划。全年分 2 次一箭双星共发射了 4 颗 FOC 卫星，目前"伽利略"系统有 8 颗工作卫星在轨。根据欧洲航天局计划的发射计划，到 2017 年将有 26 颗卫星（包括在轨验证卫星）发射入轨，2018 年系统正式运行；未来 10 年将发射 124 颗导航卫星。

"伽利略"系统由 30 颗中地球轨道（MEO）的卫星组成，每颗"伽利略"卫星将播发 10 种不同的导航信号。欧洲计划于 2020 年完成"伽利略"系统的部署，进入全面运行阶段。第一个阶段是重点完成 18 颗卫星的初始星座，"伽利略"系统具备初始运行能力建设，提供开放、搜索与救援及公共授权服务。第二个阶段是 2020 年布满 30 颗卫星后，"伽利略"系统提供全面运行能力建设。

三、俄罗斯升级格洛纳斯导航卫星系统架构

2015 年，俄罗斯政府继续实施《格洛纳斯系统 2012—2020 年维护、发展以

及应用计划》，强调要同时重视导航卫星系统的维护工作与导航卫星的发展目标（见图1-4）。

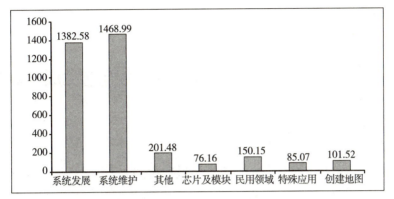

图1-4　格洛纳斯系统2012—2020年维护、发展以及应用计划（亿卢布）

资料来源：赛迪智库整理，2016年3月。

2015年6月，俄罗斯联邦航天局生产格洛纳斯导航卫星的实验卫星格洛纳斯–K1，用于增加其卫星上L3频段新增加的民用码分多址（CDMA）信号L3OC，将推动格洛纳斯卫星导航系统从FDMA向CDMA转变。

2015年12月，俄罗斯格洛纳斯卫星导航非商业集团通过与中国北方工业公司联合设立合资企业，联合研制北斗/格洛纳斯/GPS的兼容芯片和新型导航接收机，以及用于各类交通管理的远程信息处理终端。

第二章　2015年中国北斗导航产业发展状况

第一节　基本情况

一、产值

近年来，我国卫星导航产业迅猛发展，北斗卫星导航产业生态体系初步形成。随着经济社会各领域对高性能、高精度的卫星导航设备需求日益旺盛，北斗产业链关键环节自主可控水平不断提高，北斗终端产品制造能力、服务能力显著提升、应用范围快速拓展。

赛迪智库通过对 2015 年我国卫星导航产业的形势分析与判断，认为 2015 年的产值约为 2678 亿元，比 2014 年增长 27%，与 2014 年的 35% 的增长率相比有所放缓，但仍处于高速增长的态势（见图 2-1）。

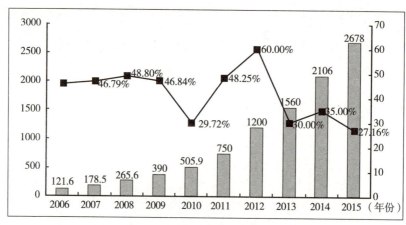

图2-1　2006—2015年中国卫星导航产业规模（单位：亿元）

资料来源：赛迪智库，2016 年 3 月。

北斗产业历经十多年培育和发展，已形成包括基础产品研发与生产、应用终端、系统集成与运维服务等较为完整的产业体系。通过形势分析与研判，赛迪智库认为，2015 年北斗相关产业的总规模达 877 亿元左右，比 2014 年增长 48.8%，占我国卫星导航产业规模的 33% 左右。其中：在航空领域，商用航空设备市场规模为 8.15 亿元，通用航空设备市场规模为 0.33 亿元；海洋渔业规模为 0.56 亿元；交通运输领域的市场规模为 650 亿元；通信领域的产值为 79.8 亿元；在其他领域和运营服务业所创规模为 100 亿元左右。

二、政策

2015 年，我国在国家层面和地方层面相继出台了一系列北斗导航产业相关政策，极大助推了北斗导航产业全链条发展、多领域应用和多技术融合，基本形成了"政策带动市场拓展和技术进步、市场拉动技术创新、技术引领市场需求、技术和行业发展反向倒逼政策创新"的良性发展态势。

在国家层面，我国进一步完善了北斗导航产业相关政策，既有推动北斗卫星导航定位系统建设和发展的供给侧政策，也有刺激北斗导航应用发展的需求侧政策，既有与卫星导航相关的标准规范类政策，也有促进北斗时空服务的跨界融合类政策。如：与北斗相关的政策主要有《国家民用空间基础设施中长期发展规划（2015—2025 年）》（国家发展改革委、财政部、国防科工局会同有关部门发布）、《2015—2017 年农业机械购置补贴实施指导意见》（农业部和财政部联合出台）、《深化标准化工作改革方案》（国务院）；国务院先后印发了《关于促进云计算创新发展培育信息产业新业态的意见》（1 月）、《中国制造 2025》（5 月）、《关于积极推进"互联网 +"行动的指导意见》（7 月）、《促进大数据发展行动纲要》（8 月）；国家发改委先后发布了《关于实施新兴产业重大工程包信息消费工程空间技术应用专项的通知》（6 月）、《关于实施新兴产业重大工程包信息消费工程空间技术应用专项的通知》（10 月）等。在地方层面，不少地方政府顺应时代发展要求，结合国家重大战略和工程，立足当地资源禀赋，相继出台了一系列北斗卫星导航产业发展相关政策和规划。广东、湖南、湖北、北京、河北、安徽、甘肃、四川、福建、南京、常州、大连等 20 多个省市因地制宜，通过与《中国制造 2025》相关要点进行"点对点"对接，纷纷编制了地方版行动计划或纲要，勾画了本地制造业中长期发展的蓝图。如《中国制造 2025 湖北行动纲要》《〈中

国制造 2025〉北京行动纲要》等等，都对发展北斗导航产业作出了部署。

三、产业链

北斗的上游产业主要是指卫星制造等相关产业，具体包括生产天线、芯片、地图、板卡、GIS、模拟源等制造产业，这些产业已基本实现全面配套，进入规模化生产阶段；中游产业主要是指生产北斗应用终端的产业，产品类型主要包括应用于车载、手持、船载、指挥等产品，生产这些产品的产业已部分实现规模化生产；下游产业主要是指北斗的系统集成产业及运营服务业，这些产业目前已在监测监控、数据采集、指挥调度和军事等领域已实现探索性应用（见图 2-2）。

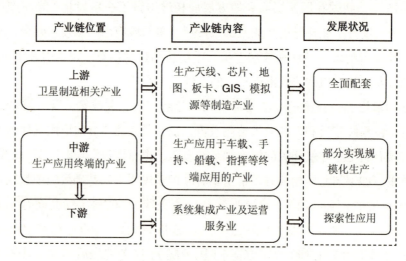

图2-2　北斗产业链

资料来源：赛迪智库，2016 年 3 月。

四、行业应用与相关企业

当前，北斗应用已从最初的军用目的拓展至在各行业和社会大众中越来越广泛的应用，并在各种应用中取得了一系列重要进展。北斗在军用领域主要是用于在航空器、制导武器和士兵手持终端装备等安置的北斗导航装备，约占北斗应用终端的 7%，代表企业主要有海格通信、振芯科技、北斗星通、中国卫星、华力创通等。在国家政策和示范性应用等方面的助推下，北斗在智慧城市、航空业、海洋渔业、GIS 测绘、交通运输业等行业广泛应用，占市场份额的 25% 左右，代表企业有海格通信、中海达、同洲电子、合众思壮、四维图新、航天科技等。在社会大众消费领域，北斗产品主要用于车载导航、手机导航、娱乐、信息服务、车辆跟踪、人/动物跟踪等方面，市场占有率达到 68% 左右，代表企业有超图软件、合众思壮、北斗星通、四维图新等（见表 2-1）。

表 2-1　我国北斗主要应用领域和企业

应用领域	应用范围	市场占比	上市公司
军用领域	用于在航空器、制导武器和士兵手持终端装备等安置的北斗导航装备	7%	海格通信、振芯科技、北斗星通、中国卫星、华力创通等
行业领域	用于智慧城市、航空业、海洋渔业、GIS测绘、交通运输业等行业	25%	海格通信、中海达、同洲电子、合众思壮、四维图新、航天科技等
社会大众消费领域	用于车载导航、手机导航、娱乐、信息服务、车辆跟踪、人/动物跟踪等方面	68%	超图软件、合众思壮、北斗星通、四维图新等

资料来源：赛迪智库，2016 年 3 月。

五、五大区域

近年，我国北斗卫星导航产业迅速壮大，相关产业链趋于成熟和完善，产品配套能力逐步增长，区域性产业集中度不断提高，逐步形成了环渤海区域、长三角区域、珠三角区域、西部区域和华中区域五大产业集群（见图 2-3）。

环渤海区域包括以北京为中心，辐射天津、河北、山东和辽宁等省市。依托众多科研院所集中的优势，是我国重要的卫星导航芯片研制开发、终端产品设计与制造、地理信息资料采集加工基地，形成以重大导航装备制造、引进先进技术设备为主的产业格局。

珠三角区域包括广州、深圳、中山等省市，是我国重要的卫星导航应用终端产品制造和销售的集散地。依托该区域的资金、市场机制以及地理区位等优势，形成以改进、制造、集成、销售卫星导航应用终端产品为主的产业格局。

长三角区域包括上海、浙江和江苏等省市，具有电子工业基础扎实、科技人才实力强劲、资金市场优势明显等优势，形成了以天线制造、芯片制造等为主的产业格局。并且，该区域各省市通过政府引导、平台建设、需求牵引等手段，依托良好的互联网企业基础，创新"北斗＋互联网"的新应用模式，探索北斗在更多领域的应用。

西部地区包括重庆、四川、陕西等省份，此区域具有航天航空领域方面的技术、人才、设备等优势，是我国卫星导航业以及位置服务业十分重要的研制生产和应用基地，并形成了以生产卫星零部件为主的产业格局。

华中地区包括湖北、河南、湖南等省份，此区域具有测绘地理信息领域方面的技术、人才优势，形成了以高精度软件研发、高精度地理信息采集、处理、分析以及定位服务等为主的产业发展格局。

图2-3 北斗产业五大区域格局

资料来源：赛迪智库，2016年3月。

六、产业联盟

北斗产业联盟一般是通过搭建企业对接平台、整合产业各种资源、共享互通有关信息，目的是培养与扶持北斗相关产业的发展。据不完全统计，北斗产业联盟已成立了 13 家，其中包括车载信息服务产业应用联盟、上海卫星导航定位产业技术创新战略联盟、南京北斗卫星导航产业联盟、广东北斗卫星导航产业联盟、北斗卫星导航系统应用产业化联盟、中国北斗导航产业联盟、中国北斗车载应用产业联盟、湖北省北斗产业联盟、中国北斗产业化应用联盟、四川省北斗卫星导航产业联盟、中国北斗卫星民用推广应用联盟、中国位置网服务联盟、上海位置服务产业联盟等（见表 2-2）。

表 2-2 我国主要的北斗产业联盟

序号	名称	所在城市	成立时间	目的及主要工作内容
1	车载信息服务产业应用联盟	北京	2010年2月	目的是促进我国车载信息服务和车联网领域的技术创新和服务应用，联盟覆盖整车制造、汽车软件、汽车电子、服务集成、通信运营五大技术领域，拥有比较完善的市场服务体系和产业合作链条。并在上述五大领域拥有的200余家全球性成员单位、50余家核心成员单位，总部设在北京，在无锡设有办事机构和技术创新基地
2	上海卫星导航定位产业技术创新战略联盟	上海	2010年6月	构建位置服务产业化平台，以实现卫星导航终端产品及运营服务的产业化
3	南京北斗卫星导航产业联盟	南京	2011年9月	对国家及省市的北斗产业政策、发展规划及产业目标等，进行组织贯彻、宣传、解读等，传递本领域的有关重大事项信息等
4	广东北斗卫星导航产业联盟	广州	2012年5月	通过加强上下游配套合作，整合提升产业链，加快发展我省卫星导航产业
5	北斗卫星导航系统应用产业化联盟	深圳	2012年11月	实行"产、学、研、资"一体化组织体制，政府统筹、部门指导、联盟组织、企业落实；吸引部分深圳以外的企业加盟，充实产业力量，完善产业体系等；重点整合汽车信息服务领域应用产业化力量；建立实体化运作机制，由联盟骨干力量出资成立公司，作为核心运作平台开展工作
6	中国北斗导航产业联盟	西安	2013年1月	以联盟和基金的形式，以资本的力量推动北斗产业的发展
7	中国北斗车载应用产业联盟	北京	2013年3月	目的在于搭建一个资源对接平台，实现技术、资本、科研机构、厂商、政府等五方信息互通、资源共享。以行业论坛、行业会议的形式促进行业内的市场交流、技术交流和技术审核，以及推动政府与行业的交流，同时促进与国外的技术信息交流
8	湖北省北斗产业联盟	武汉	2013年5月	搭建一个对接平台，实现政府、厂商、技术、资本等四方信息互通、资源共享

（续表）

序号	名称	所在城市	成立时间	目的及主要工作内容
9	中国北斗产业化应用联盟	南京	2013.6	首个具有全国代表性、覆盖全产业链的北斗导航系统产业化应用联合组织
10	四川省北斗卫星导航产业联盟	成都	2013.11	目的是以"推进北斗技术进步和中国北斗产业发展"为使命，采用"政产学研用"合作方式，发挥成员在生产配套、科技创新、销售渠道等方面的资源优势，加快北斗技术研发，形成产业合力，创新产业发展模式，致力于将四川省建设成为我国北斗卫星导航产业的重要基地和主力军，推动我国北斗卫星导航产业的迅速发展
11	中国北斗卫星民用推广应用联盟	北京	2013.12	目的是组织卫星导航领域的权威科研机构以及北斗产业链中的骨干企业，开展北斗产业化应用推广标准体系的编制和研究工作，建立公正权威的认证体系，支撑北斗产业的整体运作和宏观管理，引导北斗产业总体发展部署、规划和推进，规范各企业之间的统筹和协调管理，提高北斗产业化整体应用水平
12	中国位置网服务联盟	深圳	2014.6	将成为位置服务产品和技术推广的平台、产业交流合作共赢的平台、重大项目统筹共建的平台、需求集约优惠共享的平台、基金助推产业发展的平台
13	上海市信息服务产业基地联盟	上海	2015.5	通过建立行业信息服务数据库，打造基地联盟网络服务平台，共同推动上海的信息服务产业集群创新发展

资料来源：赛迪智库，2016年3月。

七、相关管理部门

目前，在军用方面，我国管理北斗系统建设和应用的有两家机构：中国卫星导航系统管理办公室、中国卫星导航定位应用管理中心。中国卫星导航系统管理办公室主要职能是承担我国北斗系统的地面段、空间段的所有设备设施的投资建设，推动北斗卫星导航定位系统在我国的产业化发展，同时开展北斗系统国际市场开拓研究和国际合作战略政策研究。中国卫星导航定位应用管理中心主要职能是对北斗基础设施和应用基础标准进行建设、对北斗应用终端生产企业和运营服务进行监督管理、对北斗导航系统运行进行维护管理等。

在民用方面，我国尚未明确归口管理部门，涉及北斗建设及产业应用的相关部门包括国家发展改革委、工业和信息化部、科技部、国家测绘地理信息局、其他部委及相关机构等。这些部门和机构职能各不相同。国家发展改革委主要是提出促进北斗卫星导航产业发展战略、规划布局的建议，组织拟订北斗卫星导航产业发展中长期规划；安排中央财政性建设资金，按国务院规定权限核准、审批、审核北斗卫星导航重大建设项目等。工信部的主要职责是拟订并组织与实施北斗在工业、信息化、通信业领域的发展规划、推进北斗卫星导航产业结构调整和优化升级等。科技部的主要职责是研究制定卫星导航系统相关基础研究的发展战略、方针和政策；组织提出卫星导航系统相关国家重点基础研究发展规划、实施基础研究重大项目前期研究专项等。国家测绘地理信息局是研究拟订地理信息产业、测绘成果及地图管理的政策以及负责组织地理信息公共服务平台建设，指导地理信息应用服务等。其他部委及相关机构包括公安部、国家安全部、国土资源部、环境保护部、交通运输部、水利部、农业部、中国人民银行、国家林业局、国家旅游局、国家海洋局（由国土资源部管理）等（见表 2-3）。

表 2-3　北斗的相关管理部门

序号	部门	主要职能及其他说明
1	中国卫星导航系统管理办公室	承担我国北斗系统的地面段、空间段的所有设备设施的投资建设，推动北斗卫星导航定位系统在我国的产业化发展，同时开展北斗系统国际市场开拓研究和国际合作战略政策研究
2	中国卫星导航定位应用管理中心	对北斗基础设施和应用基础标准进行建设、对北斗应用终端生产企业和运营服务进行监督管理、对北斗导航系统运行进行维护管理等
3	国家发展改革委	提出促进北斗卫星导航产业发展战略、规划布局的建议，组织拟订北斗卫星导航产业发展中长期规划；安排中央财政性建设资金，按国务院规定权限核准、审批、审核北斗卫星导航重大建设项目等
4	工业和信息化部	拟订并组织与实施北斗在工业、信息化、通信业领域的发展规划、推进北斗卫星导航产业结构调整和优化升级等
5	科技部	研究制定卫星导航系统相关基础研究的发展战略、方针和政策；组织提出卫星导航系统相关国家重点基础研究发展规划、实施基础研究重大项目前期研究专项等
6	国家测绘地理信息局	研究拟订地理信息产业、测绘成果及地图管理的政策以及负责组织地理信息公共服务平台建设，指导地理信息应用服务等
7	其他部委及相关机构等	包括公安部、国家安全部、国土资源部、环境保护部、交通运输部、水利部、农业部、中国人民银行、国家林业局、国家旅游局、国家海洋局（由国土资源部管理）等

资料来源：赛迪智库，2016 年 3 月。

第二节　发展状况

一、全球组网已进入加速发展阶段

2015 年，我国共成功发射 4 颗新一代北斗卫星，标志着北斗系统已迈入全球组网并进入加速发展的阶段。至此，北斗系统的卫星总数已增至 20 颗，新一代北斗卫星的部件国产化率达到 98%。为了实现全球组网的各项功能，北斗系统基础设施建设也在加快进行，根据中国卫星导航系统管理办公室的数据，2015年共完成北斗地基增强系统 150 个框架网基准站和 300 个区域加密网基准站的建设。

新一代北斗卫星在全球组网过程中采用了多项创新技术，实现了多个"首次"。[1] 如：首次实现中高轨卫星直接发射入轨，远地点高度比地球同步轨道高了一倍多；首次采用新型专用导航卫星平台，首次采用全新设计的导航信号体制，首次实现星间链路组网，首次采用星载氢原子钟，首次要求核心器部件自主可控。通过这些创新技术和设备的应用，相比于区域组网卫星系统，全球组网卫星系统的性能得到大幅提升，为北斗实现全球组网奠定了坚实基础。

二、关键核心技术获得重大突破

2015 年，国产北斗芯片、板卡等关键性技术获得重大突破。在北斗芯片技术方面，两家公司自主研发的芯片尤其引人注目。一是由北斗星通研制的全系统多核高精度导航定位系统级芯片"NebulasII"。该芯片的优点是具有多频点、抗干扰、小型化等特性。全系统是指该芯片能够包含北斗、GPS 等四大卫星导航系统的 12 个频点；抗干扰是指可以对抗几十个单音的干扰；小型化是指安装该芯片的接收机板卡在体积上可以缩小一半。该芯片的应用领域为北斗地基增强系统、测量测绘、精准农业、定位定向、石油勘探、地震滑坡灾害监测、轨道交通等。二是由武汉梦芯自主研发的"启梦"芯片。该芯片是我国首款可实现量产的北斗 40 纳米 SoC（系统级芯片）定位芯片，其优点是支持多系统、首次定位时

---

[1]　摘自：《全球组网加速北斗导航产业迎爆发式增长》，http://news.xinhuanet.com/tech/2016-02/04/c_128702333.htm。

间短、应用范围广等。该芯片可同时支持中国北斗、美国 GPS 和俄罗斯格洛纳斯等多个卫星定位系统。该芯片的首次定位不到 2 秒钟就能完成，而一般情况下 GPS 的首次定位需 1 分钟左右；还能支持地基增强系统，实现优于 1 米的定位精度。该芯片可用于海洋渔业、公安、农业等行业应用方面；在大众消费领域方面，可用于智能手机、车载导航、行车记录仪、无人机、平板电脑上，还可用于儿童老人手机、智能手表、智能手环等智能跟踪方面。

在板卡技术方面，上海华测导航公司自主研发的高精度军民两用北斗卫星导航核心板卡，使北斗的定位精度可以达到实时厘米级。该板卡不仅可用于军用机载和弹载等高精度定向定位的国防领域，还可用于智慧城市、灾害监测、常规测绘、精细农业、建筑工程等行业领域。

三、北斗产业市场空间不断拓展

一是国家层面，通过搭建平台和资金支持等方式推动北斗应用。政府通过搭建平台，推进北斗信息共享等方式，促进北斗行业应用。2015 下半年，政府平台为北斗共推送 1003 条招标信息（包括纯北斗项目及与北斗相关项目）[1]，涉及总金额超过 14 亿元。其中：63 个招标金额超过 500 万元；四川位居招标地区榜首；招标内容涵盖农业畜牧、气象测绘、防汛抗旱、水文检测、警用设备、CORS 系统建设、森林防火、保护动物监管等。在国家政策和资金支持下，已在 200 余款车型上安装有 50 余万台北斗车载导航仪。如：2015 年 1 月，首批安装北斗导航系统的江淮和悦系列家用轿车已正式在市场销售。

二是地方层面，通过制定政策和支持项目落地等方式促进北斗广泛应用。在政策制定方面，北斗系统作为航天领域发展的重点，受到各地的普遍重视，如《中国制造 2025 湖北行动纲要》将航空航天装备、北斗等列为十大重点领域，并明确了相应领域的重大项目，其中"卫星制造、应用及服务"被列为航空航天装备发展重点，"北斗芯片、高端接收机及终端产品和北斗 CORS 基站"被列为北斗发展重点。《中国制造 2025 北京行动纲要》将通用航空与卫星应用列为八大专项之一，提出在卫星应用领域重点围绕低轨卫星宽带通信、卫星遥感和卫星导航技术的产业化，着力提高军民两用技术研发转化能力，大力推动卫星地面设备和卫

---

[1] 摘自：《今日北斗数据流出 2015下半年招标金额达14亿元》，今日北斗，2016年2月，http://jinribeidou.com/news/detail/f9a846ab5242e4740152aad1b4003d55。

星应用服务发展，并加速推进空天地一体化信息网络、多源融合高精度遥感应用等技术的开发。在具体项目落地方面，2015年5月，北斗系统在佛山市正式落户，主要用于当地的交通领域（如"两客一危"车辆、重载货车、出租车等），以及相关行业定位市场和个人终端应用。

三是成本下降加速民用大规模推广。我国研发的北斗与其他系统的兼容型SOC系列导航模组，成本下降将近40%，与单GPS模组的价格相近，由此打破了长期制约北斗广泛推广的价格瓶颈，为我国今后在民用市场的普及奠定了基础。2015年北斗兼容机芯片的销量达到1326万套，比2014年的527万套实现了成倍增长。

四、北斗国际化步伐不断加快

2015年是北斗由亚太地区走向全球的第一年。在"一带一路"战略积极推动下，北斗国际化步伐进一步加快，逐步走出一条开放兼容的发展之路。

一是北斗积极推进与"一带一路"沿线国家和地区的合作。2015年7月，我国出台了《"一带一路"空间信息走廊建设与应用工程（一期）实施方案（2015—2017年）》，这表明我国要以"一带一路"为支点，引导北斗拓展国外市场，进而抢占全球时空信息领域的制高点。目前，北斗已经走出国门，率先进入了东南亚市场。2013年泰国建设的北斗应用项目，目前已有3个北斗卫星地基增强系统示范站投入使用。文莱、老挝、巴基斯坦等国家也开始使用北斗系统，并建设地面增强站。

二是北斗与俄罗斯格洛纳斯导航系统展开合作。2015年2月，俄罗斯航天系统公司宣布，格洛纳斯导航系统将在中国长春和乌鲁木齐建地面基站。2015年10月，俄罗斯格洛纳斯非商业集团和中国北方工业集团联合研制卫星导航系统部件。

三是北斗系统加入国际海事（IMO）、国际民航（ICAO）、国际移动通信（3GPP）等国际组织。北斗系统已获得国际海事组织的认可，成为继GPS、格洛纳斯之后的第三个全球卫星导航系统，从而拥有了服务世界航海用户的合法地位；被国际民航组织接纳为全球卫星导航系统四大核心星座之一，国内有关机构已启动北斗系统在民航领域应用的相关标准与建议措施的有关工作；还成为国际移动通信标准支持的全球卫星导航系统。

五、采用并购方式加速资源整合

2015年，北斗骨干企业通过并购等资本运作方式，整合北斗产业链上下游资源，优化资源配置。海格通信、北斗星通等企业采用一系列并购措施进行市场布局，加速资源进一步整合。海格通信收购科立讯约70%股权，以弥补海格在数字集群业务板块的终端短板。北斗星通收购华信天线和佳利电子，快速进入卫星导航天线等基础产品的研发与制造领域，从而实现向卫星导航产业链上游的拓展。

第三节　基本特点

一、新一代北斗系统实现多项技术创新

新一代北斗导航卫星实现了三大技术突破[1]。一是直接入轨发射。即在运载火箭上增加了一级独立飞行器，可以将一个或多个航天器直接送入不同的轨道。采用直接入轨发射方式可使卫星不必携带过多燃料，有助于实现卫星轻量化及"一箭多星"发射。二是首次验证星间链路。星间链路是指用于卫星之间通信的链路，通过星间链路可以将多颗卫星互联在一起，实现卫星之间的信息传输和交换。通过星间链路，北斗导航卫星可实现全球系统自主导航，有助于提高测定轨道和授时精度，减少对地面布站的依赖，有效降低系统的运行管理成本。三是核心部件与卫星平台实现自主化。北斗导航卫星采用了中国科学院计算所自主研发的通用中央处理器(CPU)"龙芯"和国产化铷原子钟，首次采用中科院导航卫星专用平台。

二、高精度定位开始在市场上广泛应用

随着北斗地基增强系统基础设施的建设和高精度定位技术获得突破，高精度定位在市场上得到广泛应用。一是北斗地基增强系统基础设施建设全面启动。使用北斗地基增强系统可以修正信息误差，实现米、分米甚至厘米级的高精度定位服务，并可以给用户提供各种差异化的服务。二是"羲和"高精度定位服务系统得到正式应用。"羲和"系统是科技部《导航与位置服务科技发展"十二五"专项规划》主要成果之一。2015年我国已在3个行业、10个城市建设羲和系统的

---

[1] 摘自：《新一代北斗导航卫星实现重大技术创新》，人民网，2015年4月，http://military.people.com.c/n/2015/0401/c172467-26780408.html。

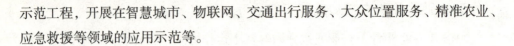

示范工程，开展在智慧城市、物联网、交通出行服务、大众位置服务、精准农业、应急救援等领域的应用示范等。

三、运营服务正在成为新的增长点

随着北斗卫星导航系统建设的逐步完善，应用深度和广度的不断拓展，运营服务已成为北斗产业发展新的增长点，具有广阔的市场空间。北斗的运营服务是属于第三产业的信息服务，集合北斗通信、互联网和移动通信，融合北斗与手机之间信息转换技术及长信息拼接技术，为在网用户提供远程定位、导航、短报文互通及增值信息服务，可广泛应用于求助救援、应急保障、野外勘探、运输监控、水文和气象监测、林业、电力、航海及渔业定位、边防巡检等众多领域。

四、技术和产业的跨界融合不断加剧

跨界融合已成为北斗发展的新方向。一方面，从技术层面看，位置信息是移动互联网、物联网技术广泛应用的基本条件，导航已成为汽车、移动电话、移动互联网位置服务和所有电子信息终端的标准配置。北斗系统与移动互联网、物联网、大数据、云计算等新技术、新应用正在紧密融合起来。另一方面，从产业层面看，随着智慧城市建设和经济社会信息化水平的提升，特别是"互联网+"战略的全面实施，北斗导航产业与高端制造业、软件业、现代服务业、综合数据业相互融合发展，正在衍生出基于位置信息服务的新型业态。

第四节　2015年我国北斗导航产业发展重大进展

一、新一代北斗导航卫星发射成功

2015年3月，新一代北斗导航卫星首颗发射成功，标志着我国北斗卫星导航系统由区域运行向全球拓展的启动实施。这是我国发射的第17颗北斗导航卫星。通过开展星间链路、新型导航信号体制等试验验证工作，为北斗卫星导航系统全球组网建设提供依据。与过去发射任务相比，这次发射首次在运载火箭上增加了一级独立飞行器，即远征一号上面级。这个独立飞行器，可将一个或多个航天器直接送入不同的轨道。这是我国首次采用这项技术执行中高轨航天器发射任务。

7月，我国同时将2颗新一代北斗导航卫星发射升空。9月，我国第4颗新

一代北斗导航卫星成功发射,这也是我国发射的第 20 颗北斗导航卫星,并首次搭载氢原子钟。根据计划,北斗卫星导航系统将于 2018 年为"一带一路"沿线国家提供基本服务,2020 年具备全球服务能力。

二、国产首款量产40纳米北斗芯片正式发布

2015 年 11 月,武汉梦芯科技有限公司研制成功我国首款可实行量产的 40 纳米高精度北斗导航应用芯片(命名为"启梦"),在北斗关键技术上取得重大突破。

此款芯片主要性能有:可达到亚米级定位精度、支持北斗地基增强系统;支持辅助快速定位,首次定位时间小于 2 秒,GPS 首次定位一般需要 1—3 分钟。北斗卫星导航系统结网完成后,北斗系统用户定位、位置报告和电文通信只需要几秒钟;支持北斗栅格码,提高位置服务的搜索进度。同时,在抗干扰、支持多种扩充以及降低功耗等方面都有大幅提升。

"启梦"芯片已拥有了数十项核心技术,其性能、工艺、价格、功耗等都与国际先进水平相当,并完全具备与国际同类产品竞争的实力,为加快北斗应用产业发展提供了重要支撑。

三、精度可达实时厘米级的核心板卡技术获得突破

2015 年 8 月,由上海华测导航技术股份有限公司自主研发成功高精度军民两用北斗卫星导航核心板卡,标志着国外大公司长期垄断着高精度卫星导航核心板卡生产设计的局面被打破。高精度卫星导航核心板卡是整个卫星导航终端产业中技术含量最高的模块,其主要作用是实现卫星信号的接收、处理并实时进行高精度定位。该核心板卡的定位精度可达实时厘米级,不仅能应用于智慧城市、常规测绘、建筑工程、精细农业、灾害监测等领域,还可用于军用机载、弹载等高精度定位定向的国防领域。这款板卡采用 Linux 操作系统和双核处理器,预留二次开发程序接口,可为科研院所、高校、企事业单位进行个性化研发提供基础平台。

四、北斗系统实现基本覆盖"一带一路"沿线国家

目前,北斗卫星导航系统已经覆盖亚太大部分地区,并基本覆盖"一带一路"沿线地区和国家。2015 年 7 月,我国出台了《"一带一路"空间信息走廊建设与应用工程(一期)实施方案(2015—2017 年)》,这表明我国要以"一带一路"为支点,引导北斗拓展国外市场,进而抢占全球时空信息领域的制高点。北斗率

先进入了东南亚市场，泰国、文莱、老挝、巴基斯坦等国家已经开始采用北斗导航系统，建设地面增强站。另外，北斗系统正寻找与其他导航系统的兼容合作，以提升市场份额。

政　策　篇

第三章 2015年北斗导航产业政策环境分析

产业发展，政策先行。2015年，我国国家层面和地方层面相继出台了一系列北斗导航产业相关政策，极大地助推了北斗导航产业全链条发展、多领域应用和多技术融合。目前，我国北斗导航产业发展初步形成了"政策带动市场拓展和技术进步，市场拉动技术创新，技术引领市场需求，技术和行业发展反向倒逼政策创新"的良性发展态势。

第一节 国家层面北斗导航产业政策环境分析

一、国家民用空间基础设施政策重磅出台

2015年，我国航天领域最吸引投资界和产业界关注的政策，莫过于国家发展改革委、财政部、国防科工局会同有关部门于10月26日发布的《国家民用空间基础设施中长期发展规划（2015—2025年）》。该规划入选了《国际太空》及《卫星应用》杂志联合发起组织的2015年中国十大航天新闻，其重要程度不言而喻。这是国家有关部门从国家安全和发展全局出发，首次将北斗卫星导航系统与卫星遥感系统、卫星通信广播系统并列进行全面规划部署。该规划提出了构建卫星遥感、通信广播和导航定位三大系统的重点，超前部署了遥感卫星科研任务、通信广播卫星科研任务和天地一体化技术研究任务，明确了多层面的遥感、通信、导航综合应用示范，以及相关的政策措施和组织实施，对推进各产业领域由数字化、网络化向智能化迈进具有重大的战略意义和现实意义。该规划也将是未来一段时期我国民用空间基础设施建设和发展的"指挥棒"，在其指导下，预计社会资本在民用空间基础设施建设和应用开发中的地位将逐步提升，行业、区域、产业化、

国际化及科技发展等多个层面的卫星综合应用示范将日渐深入，跨领域的资源共享和信息综合服务能力将持续强化，卫星系统与云计算、大数据、物联网、移动互联网等新一代信息技术的融合将更趋紧密，我国北斗卫星导航产业有望迎来新一轮的加速发展。

二、行业领域应用政策进一步聚焦完善

自2014年国家发改委启动北斗卫星导航产业重大应用示范专项以来，北斗卫星导航系统在重点行业、重点区域、重点民生领域的示范应用加速开展，部分行业领域主管部门按照形势要求和实际需求，出台了相关政策。在精准农业领域，1月农业部和财政部联合出台了《2015—2017年农业机械购置补贴实施指导意见》，指出要集中资金补重点，补贴对象扩大到所有从事农业生产的个人和组织，补贴品类向粮棉油糖等主要农作物集中，补贴流程更简便信息更公开，是继2013年的《农业机械购置补贴实施指导意见》之后的又一次重大调整；8月农业部又发布了《关于开展主要农作物生产全程机械化推进行动的意见》，指出要探索北斗卫星精准定位、自动导航、物联网等信息技术在农机装备上的应用，推动农机装备升级换代。这些政策在有效促进农业精细化、现代化发展的同时，对服务精细农业的高精度导航产品的推广应用也带来了难得的机遇。在测绘地理信息领域，6月国务院批复了《全国基础测绘中长期规划纲要（2015—2030年）》，提出要强化构建卫星测绘应用体系，是继2006年《全国基础测绘中长期规划纲要》的又一指导基础测绘工作的纲领性文件。12月国家测绘地理信息局制定了《测绘地理信息行业信用管理办法》和《测绘地理信息行业信用指标体系》，强化了测绘地理信息行业的事中事后监管；之后又相继发布了《关于加强测绘地理信息科技创新的意见》，提出了要加强北斗卫星导航系统应用以及测绘地理信息技术与物联网、云计算、大数据等技术的交叉融合研究，对加快北斗卫星导航系统在测绘领域全面落地具有较强促进作用。2015年出台的各项政策文件大部分是对过去几年国家政策文件的承续和发展，政策的衔接性、针对性和落地性进一步增强。预计未来北斗导航应用领域将会有更多细分政策措施出台，政府引导和支持将持续强化，进一步拉近卫星导航系统与大众的距离。

三、标准规范类政策受到国家高度重视

标准是一个国家经济社会发展的技术支撑，也是一个国家治理体系现代化的

基础性制度。在北斗导航产业发展方面，产业标准规范建设缺失和滞后一直是制约行业推广应用和规模化市场形成的关键问题之一。解决技术标准滞后问题成为我国政府和社会各界关注的焦点。2015年我国在技术标准体系建设方面取得了一定突破，3月国务院发布了《深化标准化工作改革方案》，分析了标准化工作改革的必要性和紧迫性，提出了改革的总体要求、措施和实施步骤；9月国家标准化管理委员会与国家国防科技工业局贯彻落实国务院《深化标准化工作改革方案》，签订了标准化战略合作议定书，并共同发布中国航天标准体系和首批中国航天标准（英文版），致力于推动中国标准"走出去"，进而支撑我国航天走向全球；11月，全国北斗卫星导航标准化技术委员会审定发布了《国家北斗卫星导航标准体系（1.0版）》，有助于有效指导北斗系统基础、工程、运行、维护、应用等方面的标准制定工作，科学推进北斗卫星导航标准体系建设，促进北斗卫星导航产业发展；12月，国务院办公厅印发了《国家标准化体系建设发展规划（2016—2020年）》，部署了六大任务、聚焦于五大领域、拟实施十大工程，其中将"北斗导航设备与系统"列入工业标准化重点，将"地理信息共享与交换、导航与位置服务"列入社会领域标准化重点。此外，在地理信息产业方面，国家测绘地理信息局及相关单位也积极组织制定与技术变革和服务模式相适应的标准规范，如6月，《地理信息 影像与格网数据的内容模型及编码规则 第一部分：内容模型》（ISO 19163—1）通过审查。该标准是由我国主导编制的首个国际标准，也是我国将测绘地理信息领域的优势技术推向国际的重要举措。年底发布了《卫星对地观测数据产品分类分级规则》（GB/T 32453—2015），其将卫星传感器探测的目标特征和探测方式作为分类依据，将卫星对地观测数据产品加工处理水平作为分级依据，构建了统一的卫星对地观测数据产品分类分级体系。之后，国家测绘地理信息局又印发了《信息化测绘体系建设技术大纲》，对现代测绘基准、多源数据实时获取、多源数据自动处理与更新、测绘地理信息智能管理与交换、测绘地理信息网络服务、测绘地理信息社会应用、测绘业务信息管理等建设内容、功能性能指标进行了设计，为全面开展信息化测绘体系建设工作提供了技术指南。当前，我国北斗系统的标准化工作也已开启，预计"十三五"期间我国卫星导航标准体系将进一步完善，助推卫星导航产业实现质与量的全面提升。

四、北斗时空信息服务类政策加速酝酿

北斗系统具有强大的核心凝聚力、基础支撑力和关联带动力，能够实现多种新兴信息技术的有机融合和系统集成。所谓的北斗时空信息服务产业就是以北斗卫星所提供的时间和空间信息为核心和基础，结合多种卫星应用，融合集成大数据、云计算、物联网、移动互联网等多种信息技术，整合多种数据资源，构建并提供功能强大、天地一体、无缝覆盖时空信息网络和服务的战略性新兴产业，正逐步成为我国北斗导航产业发展的主要方向。2015 年，我国在推进北斗导航产业政策编制的同时，也制定了一系列支持信息技术和产业发展的政策意见，如国务院先后印发了《关于促进云计算创新发展培育信息产业新业态的意见》（1 月）、《中国制造 2025》（5 月）、《关于积极推进"互联网＋"行动的指导意见》（7 月）、《促进大数据发展行动纲要》（8 月）；国家发改委先后发布了《关于实施新兴产业重大工程包的通知》（6 月）、《关于实施新兴产业重大工程包信息消费工程空间技术应用专项的通知》（10 月）。这些政策不仅有效促进了以物联网技术为核心的多源信息传感网，以云计算和大数据技术为核心的数据网，以移动互联网和下一代通信技术为核心的通信网，以及以云服务技术为核心的服务网的发展，同时也为推进卫星导航技术、卫星遥感技术和卫星通信技术的综合应用以及空间技术与其他信息技术的融合应用起到了积极的推动作用。同时，鉴于北斗时空数据是智慧城市的核心要素之一，我国智慧城市建设也为北斗导航产业发展带来了巨大市场空间。2015 年智慧城市首次被写入国家层面的《政府工作报告》，5 月国家测绘地理信息局印发了《关于推进数字城市向智慧城市转型升级有关工作的通知》，为测绘地理信息产业如何在智慧城市建设和健康发展中发挥基础性和先行性作用提出了指导意见；10 月国家标准委、中央网信办、国家发改委联合印发《关于开展智慧城市标准体系和评价指标体系建设及应用实施的指导意见》，智慧城市标准化制定工作正式被提上国家日程。此外，智慧旅游、智慧医疗、智慧交通等相关政策意见也接连发布。这些政策也将促进北斗导航产业加速融入智慧城市的建设发展之中。预计今后一段时间，专门针对时空信息服务发展的政策或将出台，以时间和空间为核心的位置服务将成为物联网、云计算、大数据、移动互联网发展以及智慧城市建设的标准配置和关键要素，北斗时空信息服务业将成为一个亟待挖掘的庞大"金矿"（见表 3-1）。

五、国际合作类协议文件签署取得新进展

北斗卫星导航系统是继我国高铁之后，举国之力建设和发展的另一项核心技术。目前，北斗卫星导航系统已被联合国全球卫星导航系统委员会列为全球卫星导航系统四大核心供应商。自2012年以来，北斗系统按照"先区域、后全球"的战略部署，分阶段组织实施，2015年是北斗系统进入全球组网阶段的第一年。北斗系统作为我国自主可控的战略性空间基础设施，极大地提升了我国航天的影响力和话语权，也加速了我国"走出去"战略实施的步伐。2015年，北斗系统与全球卫星导航系统间合作进一步加深，海外应用范围进一步拓展，已在"一带一路"沿线国家和地区开枝散叶。5月，中俄签署了《关于中国北斗和俄罗斯格洛纳斯卫星导航系统共用兼容性的声明》，提出"联合生产北斗和格洛纳斯导航系统所需的接收设备"等内容。这份联合声明是继2014年两国签署《中国卫星导航系统委员会与俄罗斯联邦航天局在全球卫星导航领域合作谅解备忘录》之后取得的又一进展，是我国首个北斗系统与全球其他卫星导航系统签署的系统间兼容与互操作政府文件，被视为北斗系统国际化发展的重要标志。7月，《"一带一路"空间信息走廊建设与应用工程（一期）实施方案（2015—2017年）》通过审议，标志着北斗系统海外建设的重点开始向"一带一路"沿线国家和地区转移，将有助于促进"一带一路"沿线地区实现空间信息互联互通。此外，2015年我国持续加大航天国际合作力度，大力支持航天产品与服务更好地"走出去"，先后与墨西哥、瑞典、荷兰、阿联酋等国家，分别签署了关于探索与和平利用外层空间合作的谅解备忘录；我国国家航天局先后与印度尼西亚、印度、秘鲁等国家的航天有关部门，分别签署了航天合作协议或大纲，这些国际合作文件为推动后续开展包括北斗系统在内的航天领域合作奠定了基础。随着国家"一带一路"战略的深入实施，预计未来几年北斗系统的国际化步伐将进一步加快，逐步成为新时期代表中国的又一个国家名片和民族品牌。

表3-1　2015年国家层面北斗导航产业相关重点政策一览表

时间	颁布部门	政策文件
2015年1月	农业部办公厅、财政部办公厅	《2015—2017年农业机械购置补贴实施指导意见》
2015年5月	国务院	《中国制造2025》

（续表）

时间	颁布部门	政策文件
2015年6月	国务院	《全国基础测绘中长期规划纲要（2015—2030年）》
2015年6月	国家发展改革委	《关于实施新兴产业重大工程包的通知》
2015年7月	国务院	《关于积极推进"互联网+"行动的指导意见》
2015年8月	农业机械化管理司	《关于开展主要农作物生产全程机械化推进行动的意见》
2015年8月	国家国防科技工业局高分观测专项办公室	《高分辨率对地观测系统重大专项卫星遥感数据管理暂行办法》
2015年10月	国家发展改革委办公厅	《关于组织实施新兴产业重大工程包信息消费工程空间技术应用专项的通知》
2015年10月	国家发展改革委、财政部、国防科工局以及有关部门	《国家民用空间基础设施中长期发展规划（2015—2025年）》
2015年11月	全国北斗卫星导航标准化技术委员会	《国家北斗卫星导航标准体系（1.0版）》
2015年12月	国家测绘地理信息局	《关于加强测绘地理信息科技创新的意见》
2015年12月	国务院办公厅	《国家标准化体系建设发展规划（2016—2020年）》

资料来源：赛迪智库整理，2016年1月。

第二节　地方层面北斗导航产业政策环境分析

一、主动对接《中国制造2025》关于北斗导航产业发展的要求

2015年5月，国务院发布《中国制造2025》，明确将"加快推进国家民用空间基础设施建设，发展新型卫星等空间平台与有效载荷、空天地宽带互联网系统，形成长期持续稳定的卫星遥感、通信、导航等空间信息服务能力""推进航天技术转化和空间技术应用"等作为国家推动航天装备发展的重点内容。广东、湖南、湖北、北京、河北、安徽、甘肃、四川、福建、南京、常州、大连等20多个省市因地制宜，通过与《中国制造2025》相关要点进行"点对点"对接，纷纷编制了地方版行动计划或纲要，勾画了本地制造业中长期发展的蓝图。北斗系统作

为航天领域发展的重点，受到各地的普遍重视，如《中国制造2025湖北行动纲要》将航空航天装备、北斗等列为十大重点领域，并明确了相应领域的重大项目包，其中"卫星制造、应用及服务"被列为航空航天装备发展重点，"北斗芯片、高端接收机及终端产品和北斗CORS基站"被列为北斗发展重点。《〈中国制造2025〉北京行动纲要》将通用航空与卫星应用列为八大专项之一，提出在卫星应用领域重点围绕低轨卫星宽带通信、卫星遥感和卫星导航技术的产业化，着力提高军民两用技术研发转化能力，大力推动卫星地面设备和卫星应用服务发展，并加速推进空天地一体化信息网络、多源融合高精度遥感应用等技术的开发。

二、积极探索培育"互联网+北斗位置服务"的新业态新模式

当前，"互联网+"不仅是新常态下我国推动经济结构调整和产业转型升级的重要抓手，也是政府职能转变、提升管理服务能力的重要手段。2015年3月，国务院总理李克强在《政府工作报告》中首次提出要制定"互联网+"行动计划。7月，国务院出台了《关于积极推进"互联网+"行动的指导意见》，各地也相继纷纷酝酿推出了地方版"互联网+"行动计划或实施意见。在"互联网+"时代，北斗将为互联网拓展应用提供基础的时间和空间信息，"互联网+北斗"正加速成为北斗产业发展不可避免的新趋势。特别是在云计算、大数据等新技术的推动下，北斗导航技术与信息技术将更加紧密地结合，加速实现信息互联互通。《关于积极推进"互联网+"行动的指导意见》明确提出"增强北斗卫星全球服务能力，构建天地一体化互联网络"。被誉为"北斗之父"的中国科学院院士孙家栋曾表示，"北斗导航信息要与互联网融合发展，目前地面应用较为分散，需要进一步互通共赢"。部分地区在推动"互联网+"和北斗产业发展的同时，逐步认识到这一趋势，并在政策中加以体现，将北斗产业发展与"互联网+"行动计划相衔接。如《北京市人民政府关于积极推进"互联网+"行动的实施意见》《贵州省人民政府关于推进"互联网+"行动的实施意见》等政策都提出要加强北斗系统应用。各地从本地实际出发，相继涌现出互联网+北斗新产品，如面向居家养老需求打造的"关护通"、面向学生开发的"电子学生证"等，"互联网+北斗定位"将共同助力地方经济社会发展。随着"互联网+北斗"的时代的来临，这些地方版的"互联网+"的实施意见将加速北斗产业进入PNT（定位、导航、授时）与大数据、云计算、物联网、移动互联网等信息技术融合的新时期。

三、不断强化北斗导航产业发展政策的可操作性

北斗卫星导航系统及产业化应用作为国家推动的重大工程，已成为各地推进供给侧结构性改革、实现经济转型发展的重要抓手。湖北、吉林、陕西、云南等地将北斗导航产业作为战略性、先导性和支柱性产业来抓，并出台了相应的行动方案。2015 年地方促进北斗卫星导航产业发展的政策落地性和衔接性进一步加强，如湖北省出台了《湖北北斗产业发展行动方案（2015—2020 年）》，这是继《湖北省北斗卫星导航应用产业发展规划》和《关于促进北斗卫星导航应用产业发展意见》之后的又一项重大政策，方案细化了七大任务：完善基础设施、北斗芯片及其应用终端产业化、优化升级数据加工应用服务业、推进北斗产业与信息化建设深度融合、创新投融资模式、确立北斗产业差异化发展领先优势、开放合作集群发展等，提出了 25 条具体的目标、计划和措施，政策的落地性、可操作性进一步增强。福建石狮市为全面推进 2014 年数字福建的"北斗海事一体化船载终端应用工程"，专门出台了《安装北斗海事一体化船载终端实施方案》，政府计划补助 260.1 万元推动全市 867 艘渔船安装北斗海事一体化船载终端。这些行动方案的任务更加具体、责任更加明确、措施更加有力，对于推进北斗导航产业在行业领域的规模化应用具有极大的保障和促进作用。

四、更加突出"多网融合""跨界融合"和"多星应用"

2015 年，北斗导航产业发展呈现了一些新特点，逐步从北斗向"北斗 +"时代迈进，从专业应用、行业应用向大众应用拓展，从经销应用产品为主到运营服务为主转变，并加快进入室内外无缝导航新时空体系的新纪元，以及卫星导航、卫星遥感、卫星通信综合应用示范的新阶段。顺应这些发展趋势，各地也积极出台了相关保障政策。如福建省印发了《福建省卫星应用产业发展实施意见》，提出"依托北斗等国产卫星，综合 GPS、GLONASS 等多种导航卫星资源，构建全省统一的位置服务公共平台""将卫星通信、地面固定网络、地面无线集群通信、短波通信、车载移动通信系统等有机融合成一个多元化的通信系统，构建天地一体化卫星通信平台（融合通信系统）"和"引入科技部高精度室内外定位导航系统（羲和系统），融合广域实时精密定位和室内定位技术，实现室内外协同实时精密定位，建设全省统一的标准地址库和米级室内外导航全息地图"。吉林省印发了《吉林省卫星及航天信息产业发展规划（2015—2025 年）》，提出要建设以

吉林遥感卫星星座系统为核心的航天遥感信息获取系统和空间信息融合应用云平台，并形成基于卫星及新一代信息技术融合的持续创新能力。湖北省出台了《湖北北斗产业发展行动方案（2015—2020年）》，提出要加快建设全省北斗高精度位置服务"一张网"和智慧湖北时空信息云平台、推动城市重点区域"多网融合"等。这些政策的出台将加速以卫星导航为基石的多手段融合、天地一体化、服务泛在化和智能化的发展（见表3-2）。

表3-2　2015年地方层面北斗导航产业相关政策一览表（部分）

时间	地区	政策文件
2015年6月	江西省	《关于促进北斗卫星导航应用产业发展的意见》
2015年6月	福建省	《福建省卫星应用产业发展实施意见》
2015年8月	云南省	《关于进一步加快地理信息产业发展的实施意见》
2015年10月	湖北省	《湖北省北斗卫星导航应用产业发展行动方案（2015—2020年）》
2015年12月	吉林省	《吉林省卫星及航天信息产业发展规划（2015—2025年）》
2015年12月	江苏省	《江苏省测绘地理信息基础设施管理规定》

资料来源：赛迪智库整理，2016年1月。

第四章　2015年我国北斗导航产业重点政策解析

第一节　《国家民用空间基础设施中长期发展规划（2015—2025年）》

一、政策背景

民用空间基础设施是利用空间资源，主要为广大用户提供遥感、通信广播、导航定位以及其他产品与服务的天地一体化工程设施。从全球来看，空间基础设施升级换代步伐加快，已进入体系化发展和全球化服务的新阶段。建设完善自主开放的空间基础设施，逐步成为全球发达国家和地区谋求空间发展优势、抢占经济科技竞争制高点、维护国家安全和社会利益的战略选择。从我国来看，空间基础设施正处于试验应用向业务化应用、产业化发展的转型发展关键期。我国空间基础设施发展已基本建成完整的航天工业体系，遥感卫星、导航卫星、通信卫星的研制与发射能力现已步入世界先进行列，卫星应用也已成为我国实现"创新、协调、绿色、开放、共享"发展不可或缺的手段。我国空间基础设施经过50多年的建设发展，已实现四大转变：技术能力由追赶世界先进技术为主转变为自主创新为主，行业应用由主要依靠国外数据和手段转为主要依靠自主数据，服务模式由试验应用型为主转为业务服务型为主，发展机制由政府投资为主转为多元化、商业化发展。同时，随着我国经济社会的快速发展以及新型工业化、信息化、城镇化和农业现代化的快速推进，各领域、各部门对构建自主开放、安全可靠、长期连续稳定运行的民用空间基础设施提出了更为广泛和紧迫的需求。

为全面推进国家民用空间基础设施健康快速发展，促进空间资源规模化、业务化、产业化应用，2015年10月26日，国家发展改革委、财政部、国防科工局会同有关部门发布了《国家民用空间基础设施中长期发展规划（2015—2025年）》

（以下简称《规划》）。《规划》旨在探索我国民用空间基础设施市场化和商业化发展新机制，引导和支持社会资本参与民用空间基础设施建设和应用开发，积极推进行业、区域、产业化、国际化及科技发展等多个层面的卫星遥感、卫星通信、卫星导航综合应用示范，强化跨领域资源共享和信息综合服务能力，加速卫星系统与物联网、云计算、大数据、移动互联网等新兴技术的融合，提升我国空间基础设施全面支撑现代化建设和经济社会可持续发展的水平和能力。

二、政策要点

《规划》结合当前形势要求、发展基础和瓶颈问题，提出了国家民用空间基础设施发展的近期、中期和远期目标，重点基础建设任务、科研任务、推广应用任务，以及相关的政策措施和组织保障。

（一）发展目标

《规划》提出，分阶段逐步建成技术先进、自主可控、布局合理、全球覆盖、由卫星遥感、卫星通信广播、卫星导航定位三大系统构成的国家民用空间基础设施，满足行业和区域重大应用需求，支撑我国现代化建设、国家安全和民生改善的发展要求。

"十二五"期间或稍后，基本形成国家民用空间基础设施骨干框架，建立业务卫星发展模式和服务机制，制定数据共享政策。

"十三五"期间，构建形成卫星遥感、卫星通信广播、卫星导航定位三大系统，基本建成国家民用空间基础设施体系，提供连续稳定的业务服务。数据共享服务机制基本完善，标准规范体系基本配套，商业化发展模式基本形成，具备国际服务能力。

"十四五"期间，建成技术先进、全球覆盖、高效运行的国家民用空间基础设施体系，业务化、市场化、产业化发展达到国际先进水平。创新驱动、需求牵引、市场配置的持续发展机制不断完善，有力支撑经济社会发展，有效参与国际化发展。

（二）构建卫星遥感、通信广播和导航定位三大系统

《规划》围绕卫星遥感、通信广播和导航定位三大系统，提出了未来10年各系统空间系统建设和地面系统建设的方向和重点，主要内容有：

一是构建卫星遥感系统。按照一星多用、多星组网、多网协同的发展思路，

根据观测任务的技术特征和用户需求特征，重点发展陆地观测、海洋观测、大气观测三个系列，构建由七个星座及三类专题卫星组成的遥感卫星系统，逐步形成高、中、低空间分辨率合理配置、多种观测技术优化组合的综合高效全球观测和数据获取能力。统筹建设遥感卫星接收站网、数据中心、共享网络平台和共性应用支撑平台，形成卫星遥感数据全球接收与全球服务能力。

二是构建卫星通信广播系统。面向行业及市场应用，以商业化模式为主，保障公益性发展需求，主要发展固定通信广播卫星和移动通信广播卫星，同步建设测控站、信关站、上行站、标校场等地面设施，形成宽带通信、固定通信、电视直播、移动通信、移动多媒体广播业务服务能力，逐步建成覆盖全球主要地区、与地面通信网络融合的卫星通信广播系统，服务宽带中国和全球化战略，推进国际传播能力建设。

三是构建卫星导航定位系统。卫星导航空间系统和地面系统建设已纳入中国第二代卫星导航系统国家科技重大专项统一规划和组织实施。到2020年，建成由35颗卫星组成的北斗全球卫星导航系统，形成优于10米定位精度、20纳秒授时精度的全球服务能力。根据《国家卫星导航产业中长期发展规划》所确定的发展目标和任务，结合中国第二代卫星导航系统国家科技重大专项，积极提高北斗系统地面应用服务能力。统筹部署北斗卫星导航地基增强系统，整合已有的多模连续运行参考站网资源，建设国家级多模连续运行参考站网，提升系统增强服务性能，具备我国及周边区域实时米级/分米级、专业厘米级、事后毫米级的定位服务能力。综合集成地理信息、遥感数据、建筑、交通、防灾减灾、水利、气象、环境、区域界线等基础信息，建立全国性、高精度的位置数据综合服务系统。建设辅助定位系统，实现重点区域和特定场所室内外无缝定位。

（三）超前部署科研任务

《规划》围绕未来应用需求，瞄准国际前沿技术和发展瓶颈，超前部署卫星遥感、通信广播和导航定位三大系统的科研任务，具体如下：

一是部署遥感卫星科研任务。以应用需求为核心，优先开展遥感卫星数据处理技术和业务应用技术的研究与验证试验，提前定型卫星遥感数据基础产品与高级产品的处理算法，掌握长寿命、高稳定性、高定位精度、大承载量和强敏捷能力的卫星平台技术，突破高分辨率、高精度、高可靠性及综合探测等有效载荷技术，提升卫星性能和定量化应用水平。创新观测体制和技术，填补高轨微波观测、激光测量、重力测量、干涉测量、海洋盐度探测、高精度大气成分探测等技术空白。

二是部署通信广播卫星科研任务。围绕固定通信广播、移动通信广播等方面的新业务以及卫星性能提升的需求，发展高功率、大容量、长寿命先进卫星平台技术，研制高功率、大天线、多波束、频率复用等先进有效载荷，全面提升卫星性能，填补宽带通信、移动多媒体广播等方面的技术空白，促进宽带通信、移动通信技术升级换代。开展激光通信、量子通信、卫星信息安全抗干扰等先进技术研究与验证。

三是开展天地一体化技术研究。开展天地一体化系统集成技术、地面系统关键技术以及共性应用技术攻关，加强体系设计、仿真、评估能力建设，实现天地一体化同步协调发展，提高空间基础设施应用效益。

（四）积极推进重大应用

《规划》鼓励各用户部门根据业务发展需求和特定应用目标，组合利用不同星座、不同系列的卫星和数据资源，构建本领域卫星综合应用体系，积极开展行业、区域、产业化、国际化及科技发展等多个层面的应用示范。主要包括资源、环境和生态保护综合应用，防灾减灾与应急反应综合应用，社会管理、公共服务及安全生产综合应用，新型城镇化与区域可持续发展、跨领域综合应用，大众信息消费和产业化综合应用，全球观测与地球系统科学综合应用，国际化服务与应用。

（五）政策措施

《规划》从政策体系、投资、财税、金融、创新、国际化等方面提出了对策建议，具体如下：

一是完善政策体系。研究制定规范国家民用空间基础设施管理、建设、运行、应用的相关政策和国家卫星遥感数据政策，建立和完善政府购买商业卫星遥感数据及服务的政策措施，逐步开放空间分辨率优于 0.5 米级的民用卫星遥感数据，促进卫星数据开放共享和高效利用。完善直播卫星电视产业化政策。制定应用北斗卫星导航系统及其兼容技术与产品的政策和标准。建立民用卫星频率和轨道资源统筹申请和储备机制。

二是推动多元化投资和产业化应用。支持民间资本投资卫星研制和系统建设，增强发展活力。支持各类企业开展增值产品开发、运营服务和产业化应用推广，形成基本公共服务、多样化专业服务与大众消费服务互为补充的良性发展格局。

三是加大财税金融政策支持。在整合现有政策资源、充分利用现有资金渠道的基础上，建立持续稳定的财政投入机制，支持业务卫星体系建设、科研卫星研制、共性关键技术研发以及重大共性应用支撑平台建设，支持和引导行业与区域的重大应用示范。鼓励金融机构创新金融支持方式，加大对空间基础设施建设和应用的信贷支持。完善和落实鼓励创新的税收支持政策。

四是强化创新驱动。加快建立和完善技术创新体系，加强重点实验室、工程中心等创新平台建设，提高原始创新、集成创新和引进消化吸收再创新能力。加强天地一体化的卫星技术和应用模式创新，通过国家科技计划超前部署共性技术攻关，着力推动核心关键元器件、有效载荷、应用技术等重点领域和关键环节创新发展，鼓励开放竞争，提升自主发展能力，推动高水平技术和产品的快速应用，促进卫星与业务应用的深度融合，提高服务水平。加快建立和完善卫星研制、终端设备、数据产品和信息服务领域相关技术标准体系。

五是鼓励国际化发展。研究制定国际化发展的具体措施，促进国内国外两种资源、两个市场的开发利用。加强国际协调工作，积极参与相关国际组织和重要国际规则及标准的制定。积极拓展国际合作渠道，加强技术研发、卫星研制、系统建设、数据应用等领域的国际合作。鼓励和支持构建国际合作综合服务平台，大力推动卫星、数据及其应用服务出口，提高国际化服务能力和应用效益。[1]

三、政策解析

《规划》的颁布实施将为我国推进科学技术进步、转变经济发展方式、服务国家安全战略提供重要支撑，意义重大，影响深远。主要体现在：

首先，《规划》是对《中国制造2025》战略任务的贯彻落实。2015年5月，国务院印发了《中国制造2025》，其中提出了航天装备发展的战略任务，即"加快推进国家民用空间基础设施建设，发展新型卫星等空间平台与有效载荷、空天地宽带互联网系统，形成长期持续稳定的卫星遥感、通信、导航等空间信息服务能力"。该《规划》的编制印发对上述任务做了全面细致的描述，充分体现了国家政策的延续性和落地性。

其次，《规划》提出了未来我国民用空间基础设施建设发展的基本框架。《规划》明确了"构建卫星遥感、通信广播和导航定位三大系统"的思路。未来一段

---

[1] 摘自：《国家民用空间基础设施中长期发展规划（2015—2025年）》（发改高技〔2015〕2429号），2015年10月。

时间，我国卫星遥感将重点发展陆地、海洋和大气观测，着力构建由七个星座及三类专题卫星组成的遥感卫星系统，逐步形成卫星遥感数据全球接收与全球服务能力；卫星通信将主要发展固定通信广播卫星和移动通信广播卫星，服务宽带中国和全球化战略；卫星导航将延续北斗专项建设，并继续提高北斗系统地面应用服务能力。《规划》是指导未来 10 年我国民用航天领域卫星遥感、卫星通信广播、卫星导航定位三大系统发展的纲领性文件，彰显了我国发展民用航天的坚定决心。

再次，《规划》将助推我国卫星应用产业开放共享和综合利用。《规划》提出要积极开展行业、区域、产业化、国际化及科技发展等多个层面的遥感、通信、导航综合应用示范。该《规划》是我国首个同时针对三大卫星系统综合应用示范的文件，必将促进全国卫星遥感、卫星通信广播、卫星导航技术和资源的开放共享和综合利用。目前，我国卫星产业发展正逐步由卫星制造向卫星应用转变，而卫星遥感、卫星通信和卫星导航三大系统的建设与协同运营，以及基于卫星系统的泛在位置服务、实时通信等智能信息技术水平的提升，将直接推动卫星应用产业的规模化、全球化、商业化和可持续发展。

最后，《规划》将推动民间力量成为我国商业航天发展的新生补充力量。2015 年是中国商业航天发展元年，9 月中国航天科技集团成立四维商遥公司，旨在为全球用户提供高时空分辨率、高光谱观测能力的遥感数据服务；10 月我国首颗商业高分辨遥感卫星吉林一号组星发射升空，按照高分辨率遥感图像供应商的市场定位进行卫星研制和商业化运营。整体而言，我国卫星遥感和卫星通信的商业化刚刚起步。在全球范围内，商业航天近年来也已成为世界航天强国的"宠儿"，其中美国、欧洲等国家和地区不断通过立法和资金扶持，加大对商业航天发展的支持，如美国在遥感、通信等领域颁布法案，向私营企业开放航天市场，并通过实施遥感数据采购计划，扶持商业遥感公司的发展。在美国政府扶持和市场开放下，成功崛起了一批新兴商业航天企业。特别是 SpaceX 的航天传奇，更坚定了社会资本进入航天领域的信心，同时也吸引了更多的社会力量涉足商业航天领域。在世界商业航天突飞猛进以及我国具备发展商业航天的必要条件和能力的大背景下，《规划》提出了"支持民间资本投资卫星研制和系统建设""公益与商业兼顾类项目实行国家与社会投资相结合，商业类项目以社会投资为主""鼓励并支持有资质的企业投资建设规划内的卫星"等内容，标志着我国航天应用领域商业化发展又迈出了重要的一步。预计未来几年，我国商业航天将在迎接机遇和挑战中继续破浪前行，三大系统建设将以航天五院、八院和中国卫星等国家队为主力，微小卫星研究机构和民营企业为补充全面发展，卫星研制和应用领域的民众参与力度将持续提升，商业化运作方式将成为常态。

第二节 《高分辨率对地观测系统重大专项卫星遥感数据管理暂行办法》

一、政策背景

高分辨率对地观测系统（以下简称高分专项）是我国 16 项重大科技专项之一，不仅是"创新工程""天眼工程"，更是服务经济社会发展的"应用工程"。2013年 4 月，高分一号卫星成功发射，年底投入使用；2014 年 8 月，高分二号卫星顺利入轨，标志着我国遥感卫星进入了亚米级"高分时代"；2015 年 12 月，高分四号卫星成功发射，标志我国航天发射"十二五"任务圆满收官，同时也将显著提升我国对地遥感观测能力。随着高分一号、高分二号卫星投入运营，国内各行各业用户对卫星数据应用需求日益迫切。

为了更好地满足用户需求，加强和规范挥高分数据管理，发挥高分数据对经济社会发展和国家安全的支撑服务作用，2015 年 8 月，国家国防科技工业局高分观测专项办公室公开发布了《高分辨率对地观测系统重大专项卫星遥感数据管理暂行办法》（以下简称《办法》）。《办法》旨在推动我国遥感卫星应用的商业化、产业化和国际化，营造良好的市场化运行环境，明确高分数据权属关系、公开使用原则，理清高分数据应用中各相关主体的主要责权利关系，界定高分数据分级分类标准、申请流程与分发渠道，完善遥感卫星数据推广应用和成果管理组织架构，促进国际合作与服务，着力破解制约遥感卫星应用的一系列问题。

二、政策要点

《办法》与国家前期出台的《高分辨率对地观测系统重大专项实施方案》《高分辨率对地观测系统重大专项实施管理暂行办法》《高分辨率对地观测系统重大专项工程实施保密管理暂行规定》等政策法规是一脉相承的，其重点内容可归纳如下：

一是原则性界定了高分数据的权属关系。即：高分数据包括从卫星接收的原始数据和经过加工处理形成的各级各类产品，其所有权归国家所有。数据持有者、信息产品使用者依法享有数据使用权，并按本《办法》要求使用高分数据。

二是理清了高分数据应用中各相关方的主要关系。即：国防科工局高分观测专项办公室和国家航天局对地观测与数据中心（二者简称专项中心），负责协调用户需求，统筹管理高分数据；组织制定高分卫星观测任务规划、计划；牵头组织拟制高分数据政策、标准规范、管理办法等规范性文件；实施高分数据的应用推广、产业化、国际合作等工作；建立高分综合信息服务共享平台以及相关元数据库，扩大产品信息获取渠道；牵头开展高分数据应急工作。在专项中心组织协调下，相关行业主管部门负责组织本行业所属相关单位开展高分数据的应用工作。已设立高分辨率对地观测系统省级数据与应用中心的地方国防科技工业管理部门，负责按照本办法的要求和专项中心有关要求，组织本地区开展高分数据的应用工作。在专项中心组织下，中国资源卫星应用中心负责受理卫星观测需求、编制观测任务规划计划，生成观测任务指令和接收计划，开展0—2级产品处理、定标、分发以及存档管理等工作。中国科学院遥感与数字地球研究所牵头组织中国气象局国家卫星气象中心、国家海洋局国家卫星海洋应用中心，负责按任务计划接收高分数据。

三是明确高分数据分级分类标准、申请流程与分发渠道。在数据分级分类方面，高分数据分为由卫星地面站接收的原始数据和经过加工处理形成的各级产品。其中，0级产品为原始数据；1—2级产品为初级产品；3级及以上产品为高级产品。初级产品可按照公开和涉密进行分类；高级产品应依据国家有关行业数据分类的有关规定，确定公开和涉密的级别，并提供可公开发布的产品清单、服务清单和相应的标准规范清单。在数据申请和分发方面，初级产品分发机构包括四类：中国资源卫星应用中心、经授权的各行业数据分发机构、经授权的各省（自治区、直辖市）高分辨率对地观测系统数据与应用机构，以及其他授权的企事业单位。其中，中国资源卫星应用中心可分发0—2级产品；其他机构在各自授权领域内可分发1—2级产品。高分数据分发原则上不向用户提供0级产品；确有必要的，由专项中心协调分发。

四是完善遥感卫星数据推广应用和成果管理相关机制。在高分数据分发定价方面，1—2级产品，用于高分专项应用示范任务的，在任务期间内，实行授权分发；用于公益性用途的，实行免费分发；用于非公益性用途的，实行收费分发。具体价格由高分数据初级产品分发机构参照国内外同类产品价格确定。在推广应用方面，高分专项鼓励基于高分数据开展行业应用、区域应用和教育、科研应用。同时，明确了各行业数据分发机构、地方国防科技工业管理部门以及社会团体的权利义务。在高分专项成果管理方面，高分数据产品以及相关应用成果，按照国家知识产权和国防科技工业知识产权相关法律法规进行管理。此外，明确了各级管理机构以及用户应尽的义务。

五是促进国际合作与服务。首先，确定了高分数据国际合作与服务的归口管理单位，即由国防科工局（国家航天局）归口管理。其次，确定了高分数据国际合作与服务的鼓励事项和限制事项。[1]

三、政策解析

《办法》全面规范了高分卫星遥感数据的管理，对推进高分数据在经济社会发展各个方面的广泛应用具有极大的促进作用，主要体现在：

一是《办法》将进一步提升区域空间信息应用能力。当前，在区域推广应用方面，高分专项已先后在 21 个省级行政区域建立了高分辨率对地观测系统省级数据与应用中心，负责统筹管理高分专项在区域应用示范与成果推广工作。各省级数据与应用中心通过结合各省、自治区、直辖市自身经济社会发展需求，向区域用户分发数据，多方调动社会资源扩大应用领域，为推动区域经济社会发展、提升本地政府行政精细化管理能力等提供了有效支撑，取得了一定的经济和社会效益。而《办法》的出台，对高分数据应用涉及的各方——国防科工局高分观测专项办公室和国家航天局对地观测与数据中心、行业主管部门、设立高分辨率对地观测系统省级数据与应用中心的地方国防科技工业管理部门、中国资源卫星应用中心、中国科学院遥感与数字地球研究所等的权限进行了更为清晰的界定，有助于各方形成合力，破除行业信息壁垒，高效整合区域卫星应用公共资源，开展区域产业化应用推广。加之，卫星遥感领域每天接收到的数据量庞大，一般以TB 级（1T=1024G）为单位，这将直接带动大数据、云计算等新兴产业的发展，进一步助力区域空间信息服务能力的提升。

二是《办法》将进一步加速替代同等分辨率国外卫星数据的步伐。从中国国土资源航空物探遥感获知，在高分辨率对地观测系统重大专项尚未实施之前，国土资源部每年的约 1900 万平方公里卫星观测需求，几乎全部依靠国外卫星数据，

---

[1] 摘自：《高分辨率对地观测系统重大专项卫星遥感数据管理暂行办法》，2015年8月。

为此不得不花大量资金用于购买这些数据（两三年前，购买法国 SPOT 卫星的一景数据花费约 3 万元）。在高分一号、高分二号卫星相继发射并投入运营后，加速了近年国内市场上国外卫星数据价格大幅度降低，分辨率低于 2 米的国外卫星数据开始不断退出国内市场，国土领域高分数据已替代了将近 80% 的同等分辨率国外卫星数据。类似地，其他行业应用也逐步从主要依靠国外数据和手段向主要依靠国内自主数据转变。截至 2015 年 11 月底，高分专项累计分发数据约 403 万景，广泛用于国土、农业、林业、测绘等 18 个行业领域，涉及 1100 多家单位，为国土资源调查、农作物估产、环境治理、防灾减灾、海域监察等提供了强有力的支撑。《办法》的实施使得高分数据日渐趋于规范化管理，全国和省级"一张图"的核心数据库建设将日益完善，国产卫星遥感数据在国内各行业领域应用的市场份额将进一步扩大。

三是《办法》将进一步助推高分数据国际共享与服务。我国高分辨率对地观测系统重大专项的顺利推进，有利促进了中俄、中巴、中埃、中印等合作协议、大纲、谅解备忘录的签订，为"一带一路"空间信息走廊建设奠定了坚实基础。目前，高分专项已成为我国在卫星遥感领域进行双边和多边国际交流与合作的重要抓手。如 2015 年 9 月，中埃签署了《中华人民共和国国家航天局与阿拉伯埃及共和国国家遥感空间科学局关于埃及接收中国高分一号 / 二号卫星数据合作的谅解备忘录》，以及有关技术文件。11 月，"海上丝绸之路空间认知国际会议"上发布了《关于开展海上丝绸之路建设国际合作的三亚宣言》，确定建立"海上丝路空间地球大数据联盟"，并签署了《关于建立海上丝绸之路对地观测合作网络的意向书》，指出各国在以下几个方面加强合作：建设海上丝绸之路沿线国家对地观测能力；加强对地观测基础设施建设；利用对地观测数据研究地区可持续发展；培训对地观测领域青年科研人员；获取、共享、整合、加工与分析对地观测数据等。本《办法》提出的"鼓励利用高分数据对外开展科研、教育、技术交流与合作"以及"支持国内相关企事业单位向开展国际业务的国内外用户销售高分数据、相关地面系统与应用系统，以及开展数据应用、卫星运行等商业化服务"等内容，与我国"一带一路""走出去"等国家发展战略是紧密契合的，将进一步促进我国高分数据及其相关地面系统、应用服务、卫星运行等国际合作与服务的开展，助力"21 世纪海上丝绸之路"沿线国家对地观测能力建设，以及我国航天国际影响力的提升。

第三节 《全国基础测绘中长期规划纲要（2015—2030 年）》

一、政策背景

基础测绘包括建立和维护全国统一的测绘基准和测绘系统，进行航空航天影像获取，建立并更新维护基础地理信息数据库，提供测绘地理信息应用服务等内容，对国家经济社会发展具有重要作用。"十二五"时期，我国测绘地理信息事业取得巨大进展，在职能转变、转型升级、拓宽服务等方面取得了突破性成效，如测绘地理信息局职能进一步丰富，国家地理信息公共服务平台"天地图"建设稳步推进，地理国情监测和应急测绘等新业务出现。经济规模方面，"十二五"期间，我国地理信息产业年均增长 20% 以上，2015 年产业总产值达 3600 亿元，增长率达 22%。近几年，地理信息产业政策更加完善，测绘资质单位数量稳步增加，上市企业突破百家，科技水平日益提升，服务领域逐步扩大，人才队伍不断壮大，发展态势逆势上扬、持续向好。同时，国家的发展形势也出现了新变化新特点，特别是党的十八大后，我国经济发展步入新常态，社会管理、国家安全等领域面临新机遇和新挑战，基础测绘发展的需求和政策环境也在不断发生变化，2006 年出台的《全国基础测绘中长期规划纲要》已不能适应新形势发展需要。

为了更好地适应我国基础测绘地理信息服务需求、政策、技术等方面发生的巨大变化，明确 2015—2020 年我国基础测绘发展重点任务，以及展望 2030 年测绘地理信息发展愿景，国家测绘地理信息局联合有关部门开始对《全国基础测绘中长期规划纲要》进行修编。2015 年 6 月 1 日，国务院批复同意《全国基础测绘中长期规划纲要（2015—2030 年）》（以下简称《规划纲要》）。

二、政策要点

《规划纲要》在客观分析当前我国基础测绘发展面临的国际国内形势基础上，对新常态下基础测绘中长期发展进行了全面谋划，明确了 2015—2030 年全国基础测绘的发展目标和重点任务，简要如下：

（一）发展目标

《规划纲要》提出，到 2020 年，建立起高效协调的管理体制和运行机制，营造较为完善的政策和法制环境，形成以基础地理信息获取立体化实时化、处理自动化智能化、服务网络化社会化为特征的信息化测绘体系，全面建成结构完整、功能完备的数字地理空间框架。到 2030 年，基本形成以新型基础测绘、地理国情监测、应急测绘为核心的完整测绘地理信息服务链条，具备为经济社会发展提供多层次、全方位基础测绘服务的能力。

（二）重点任务

《规划纲要》确定了全国基础测绘发展的中长期重点任务，概括为形成"六种能力"和"六大体系"，即：运用法治思维和法治方式管理的能力（政策法规体系）、基础地理信息资源供给能力（基础测绘体系）、公益性服务保障能力（公共服务体系）、地理信息产业竞争能力（地理信息产业体系）、创新驱动发展能力（科技创新体系）、维护国家地理信息安全的能力（人才队伍体系）。

到 2020 年的中期任务主要有：一是建设现代化测绘基准体系和卫星测绘应用体系，包括形成覆盖我国陆海国土，大地、高程和重力控制网三网结合的现代化高精度测绘基准体系，以及提升卫星测绘服务能力等；二是丰富与更新基础地理信息资源，包括建设数字地理空间框架、全球地理信息资源、重点地区基础测绘等；三是建设完善信息化测绘基础设施，包括研制地理信息数据获取技术装备、建设国家地理信息公共服务平台"天地图"等；四是深化地理信息公共服务，包括推进地理信息公共服务体系、地理国情监测业务工作体系、应急测绘等的建设；五是加快测绘地理信息科技创新和标准化建设，包括建设测绘地理信息自主创新体系和标准体系、智慧城市地理空间框架和时空信息平台等；六是提升保障全国基础测绘中长期发展的能力，包括加强管理组织建设、加强法制规划计划建设、加强投融资机制建设、加强人才队伍建设、加强基础地理信息资源共建共享、加强规划实施的协调管理等方面。

到 2030 年的长期任务主要有：推进基础测绘基准体系现代化改造，加快对覆盖我国全部海洋国土乃至全球的基础地理信息资源获取，持续推进基础测绘自主创新，建立卫星测绘应用链条和地理信息服务链条，全面提升基础测绘公共服务能力等。

三、政策解析

一是，《规划纲要》是继 2006 年《全国基础测绘中长期规划纲要》的又一指导新时期基础测绘工作的纲领性文件。《规划纲要》是基于新时期基础测绘面临的新形势和新需求而做出的重大调整。首先，党和国家对基础测绘地理信息的一系列新的部署是《规划纲要》目标和任务确定的基本依据，特别是近几年的《政府工作报告》以及《国务院关于加强测绘工作的意见》《国务院办公厅关于促进地理信息产业发展的意见》等重要文件都对基础测绘发展提出新的明确要求。其次，新需求是《规划纲要》内容聚焦的重要考量因素。新时期国家相继提出了"一带一路"、军民融合、创新驱动、"互联网+"、网络安全、海洋强国、京津冀一体化等一系列重大国家战略和部署，客观上要求基础测绘发展要打破传统思维，创新工作内容、工作思路和服务方式等，如区域协调发展战略的实施需要进一步延伸服务链条，提供地理国情监测和信息服务；应急管理工作面临的严峻形势也要求新时期应急测绘保障工作更加深入。顺应这些形势要求，应运而生的《规划纲要》为新时期我国基础测绘发展指明了方向、提供了保障。

二是，《规划纲要》充分体现了我国建设测绘强国这一战略目标。党的十八大以来，我国地理信息产业发展战略顺应时代要求适时调整，提出了"加强基础测绘，监测地理国情，强化公共服务，壮大地信产业，维护国家安全，建设测绘强国"的发展战略。《规划纲要》在基础测绘规划目标、重点任务等方面与这一战略要求有效衔接，主要体现在：明确提出"在2030年之前全面建成新型基础测绘体系"的目标，将"新型基础测绘"作为我国基础测绘发展新的方向，并对其特征、主要内容等进行了详细表述，体现了"加强基础测绘"的战略要求；在基础测绘应用服务方面，明确将地理国情监测、应急测绘作为基础测绘的应用延伸，体现了"监测地理国情，强化公共服务"的战略要求。此外，《规划纲要》也从维护国家安全、建设测绘强国等要求出发，提出了相关目标和任务，使《规划纲要》成为新时期带动各项事业整体发展的重要抓手。

三是，《规划纲要》首次明确了"新型基础测绘"的内涵。与传统基础测绘不同，《规划纲要》提出的新型基础测绘的典型特征为"全球覆盖、海陆兼顾、联动更新、按需服务、开放共享"。所谓的"新"主要体现在：工作范围"新"——由原来的我国陆地国土，拓展到海洋、周边乃至全球。技术手段"新"——由传统的大地测量、航空摄影测量及地图制图技术等手段，转变为卫星遥感、卫星导航定位、地理信息、物联网、大数据、云计算、互联网等先进的技术手段。工作内容"新"——由大地测量、地形图测绘、基础地理数据采集等，逐步转变为测绘基准运维与服务、基础地理信息动态更新、海洋和全球地理信息获取、基础地理信息应用服务等内容。成果形式"新"——由提供传统的大地测量控制点成果，转变为可提供高精度的实时测绘基准定位等；由提供不同比例尺地形图或"4D"数据产品，转变为可提供按需定制地形图、内容丰富的高精度基础地理信息；由只能提供国内陆地基础地理数据，转变为可提供海洋和全球范围的数据；由只能提供版本式基础地理数据，转变为可提供多时态的增量数据。组织模式"新"——由传统按照大地测量、航空摄影测量、地图制图等工序生产的组织模式，转变为国家和地方分工协同、测绘技术一体化集成、测绘系统与专业部门信息共享协作等组织方式。服务方式"新"——由传统的提供模拟地形图或数据产品的单一、呆板、离线的服务模式，转变为按照用户多样化需求提供网络化的数据下载、平台服务、地图服务、卫星导航定位服务，以及多形式的网络化定制服务等。新型基础测绘是传统基础测绘发展到一定阶段的必然发展方向，是对传统基础测绘的继承和发扬。

四是，《规划纲要》对于卫星测绘应用市场的拓展具有极大促进作用。应用是发展的生命，基础测绘工作的本质属性也是其对经济社会发展的服务功能。《规划纲要》将提供测绘地理信息应用服务作为一项重要任务，并将其定位为现代测绘基准维护更新和测绘地理信息生产服务体系的主要技术支撑。对此，做了如下部署：数字城市建设应用方面，提出"继续加快推进数字城市、数字省区建设""开展智慧城市地理空间和时空信息平台建设"等，体现了我国对提高城市综合管理水平的要求，并为不动产统一登记和地下管网建设等提供了有力支撑；地理信息公共服务平台"天地图"建设应用方面，指出未来关键是要继续强化其战略性地位，不断丰富地理信息资源，强化技术支撑，保障其接续性发展。"天地图"建设理念充分体现了"互联网＋"思维，其持续完善将为测绘地理信息服务转型提供有效支撑；地理国情监测与应用方面，指出"完善地理国情监测标准体系，优化部门协作机制，形成成熟的监测业务工作体系"，这是保证监测工作常态化开展的前提条件，也是测绘地理信息新的服务业务；应急测绘建设及应用方面，指出要总结好四川、黑龙江等地区的应急测绘服务保障经验，并在此基础上，不断加强应急测绘装备和应急测绘信息资源建设，强化信息互联互通，实现业务联网协同。这些任务都不同程度地需要卫星提供的时间和空间信息，将为卫星测绘应用带来较大的市场空间。

第四节 《关于加强测绘地理信息科技创新的意见》

一、政策背景

测绘地理信息是一个国家重要的基础性和战略性信息资源，测绘地理信息产业的快速发展对促进工业化、信息化、城镇化、农业现代化同步推进，以及维护国家安全和利益具有重要战略意义。基础测绘是一项技术密集型工作，其生产服务能力很大程度上取决于相关技术发展水平。近年来，创新是国家发展提到的"高频"词汇，也是推动测绘地理信息产业长期发展的核心驱动力。"十二五"以来，测绘地理信息科技创新工作取得了良好成绩，科技创新政策环境不断优化，自主创新能力显著提升，企业技术创新主体作用日益凸显，科技创新平台布局持续优化，科技创新人才培养成效显著，科技国际合作不断走向深远，测绘地理信息事业和测绘科技得到了长足发展，对国防建设和经济建设的支撑能力大幅提升。当前，国际社会都高度重视测绘地位理信息的战略地位，各国纷纷加快卫星导航定位、高分辨率遥感卫星、地理信息知识挖掘等技术创新，加强地理信息资源建设，抢占未来测绘地理信息产业发展先机。相比较而言，目前我国测绘地理信息科技距离世界领先水平还存在不少差距，科技创新工作面临思想观念不够解放，传统测绘的思维模式仍未有效破除；体制机制不够健全，科技人员的创新潜能尚未得到充分释放；自主创新能力不强，部分核心技术和装备仍受制于人；创新成果转化衔接不紧，成果转化率不高；高端复合人才缺乏等。对此，亟须进一步加大测绘地理信息科技创新力度并强化科技成果转化。

当前，我国测绘地理信息科技体制改革压力空前，全面实施国家创新驱动发展战略重任在肩，测绘地理信息产业正值改革创新发展的关键时期，其科技创新面临重大机遇和挑战。面对新形势、新任务和新要求，按照《中共中央国务院关于深化体制机制改革加快实施创新驱动发展战略的若干意见》和《中共中央关于制定国民经济和社会发展第十三个五年规划的建议》的精神，围绕"加强基础测绘、监测地理国情、强化公共服务、壮大地信产业、维护国家安全，建设测绘强国"的测绘地理信息发展战略，国家测绘地理信息局于 2015 年 12 月 22 日编制发布了《关于加强测绘地理信息科技创新的意见》（以下简称《意见》）。《意见》旨在

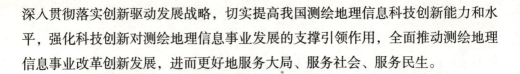

深入贯彻落实创新驱动发展战略，切实提高我国测绘地理信息科技创新能力和水平，强化科技创新对测绘地理信息事业发展的支撑引领作用，全面推动测绘地理信息事业改革创新发展，进而更好地服务大局、服务社会、服务民生。

二、政策要点

《意见》在分析当前测绘地理信息科技创新面临形势基础上，围绕我国经济社会发展和重大战略要求，结合测绘地理信息发展实际需求和遇到的突出问题，提出了测绘地理信息科技创新中长期发展目标和重点任务，简要介绍如下：

（一）发展目标

《意见》提出，到 2020 年，在测绘地理信息科技体制改革的关键环节取得突破性成果，基本形成适应创新驱动发展要求的制度环境和体制机制，自主创新能力显著增强，技术创新的市场导向机制更加健全，人才、资本、技术、知识自由流动，企业、科研院所、高校协同创新，军民融合深度发展，科技创新资源配置更加优化，创新效率显著提升，率先建成符合创新型国家要求的测绘地理信息科技创新体系。到 2030 年，测绘地理信息科技创新整体实力进入世界前列。

（二）重点任务

《意见》对做好新时期测绘地理信息科技创新工作进行全面部署，主要任务包括：创新科技体制机制、明确科技创新重点、强化科技创新平台建设、发挥企业技术创新主体作用、促进科技成果转化、加强科技人才队伍建设。

《意见》将创新科技体制机制作为测绘地理信息科技创新的首要任务，指出：一要着力加强科技创新资源的统筹协调。省级测绘地理信息行政主管部门要强化对科技创新资源配置的引导，加强科技创新活动的组织与开展。科研院所、高校要发挥好科技引领和支撑作用，企业要发挥好技术创新的主体作用，中介机构要发挥好服务和纽带作用。逐步建立健全测绘地理信息科技创新资源合理流动和协同共享机制，促进创新资源高效配置、综合集成和开放共享。二要改革科技创新管理机制。推动国家测绘地理信息局、省级测绘地理信息行政主管部门等科技主管机构的职能从研发管理向创新服务转变。改进科技创新组织管理方式。三要完善科技创新多元投入机制。鼓励科研院所、高校、生产单位与企业联合创新科研组织模式和资金投入模式，鼓励国内外资本设立创新基金参与测绘地理信息科技创新。四要健全科技创新评价机制。研究制定符合科技创新活动规律和特点的科学研究、科技人才评价办法。鼓励各地测绘地理信息行政主管部门和相关单位研究建立适合自身发展特点的科技创新评价机制。积极构建测绘地理信息科技创新信用评价体系，建立科研"黑名单"制度。以体制机制保障促进测绘地理信息科技创新。

《意见》明确了科技创新重点，主要包括：一要大力支持科技原始创新。加大基础研究和应用基础研究在科技创新活动中所占的比例和经费投入。二要加强核心关键技术攻关。提出，开展新型基础测绘、地理国情监测、海洋测绘、智慧城市、应急测绘等方面的重大关键技术攻关，加强水下地下测绘、全球测图与地理信息社会化应用等方面的共性技术研究，加强北斗卫星导航系统应用、资源三号卫星后续星和系列测绘卫星等方面的研究，强化地理信息安全保密技术研究，加强测绘地理信息技术与物联网、云计算、大数据等技术的交叉融合研究。三要加强国产自主高端装备研发。研究制定使用首台（套）重大自主技术装备的鼓励政策。委托国家或地方的科技中介机构对自主研发的新型软硬件装备进行测评或鉴定，并适当对新产品予以支持。

《意见》提出要强化科技创新平台建设。一要优化创新平台总体布局。推进国家实验室、国家重点实验室等国家级创新平台建设和部门重点实验室、工程中心的分类整合、布局优化。积极引导构建众创、创客空间等促进大众创业、万众创新的新型创新平台。支持建设科学观测台站、技术转移中心、科普教育基地等创新条件平台。完善各类科技创新平台评价管理办法，加强科技创新平台的检查评估与动态管理。二要强化产学研用协同创新。积极推进部局共建、省局共建、军民共建等方式的创新平台建设。倡导科研院所、高校、生产单位和企业联合共建研究院、研发中心、博士后科研工作站等研发基地。打造科技要素相对集中的区域创新联盟、协同中心。三要促进国际科技交流合作。支持搭建国内外高校、科研院所联合研究平台。支持国内科研机构和企业通过建立全球或海外研究院、国际技术转移中心或科技合作创新联盟等方式，推动我国先进技术和装备"走出去"。四要加快测绘地理信息智库建设。

《意见》强调发挥企业技术创新主体作用，指出：一要扩大企业在科技创新决策咨询中的话语权。扩大企业专家在各级科技咨询决策机构中的比例。支持有条件的企业设立创新创业投资基金。强化科研院所和高校对企业技术创新的源头支持。二要鼓励企业研发关键共性技术和装备。支持将企业先行投入、自行设立的科技项目经遴选纳入政府科技计划，并探索运用财政后补助、间接投入、政府购买服务等方式予以资助。基于"互联网＋"理念，推进地理信息公共产品增值服务。三要支持企业建立成果中试转化平台。开展符合条件企业的信息化测绘技术创新转型试点，支持建设以市场化机制运行的成果转化平台。鼓励事业单位向企业开放网络平台接口、基础地理信息资源、开源软件和大型仪器设施。鼓励科研院所和高校的技术创新团队进入企业创新平台。国家重点实验室、工程中心要向企业有效开放。

《意见》指出，要促进科技成果转化，包括：一要健全促进科技成果转化的有关机制。建立科技成果转化、交换交易的信息平台。提高政府采购国产化技术产品和服务的力度。鼓励科研院所和高校加强科技成果转化管理队伍建设。二要推进科技成果使用、处置和收益管理改革。将财政资金支持形成的，不涉及国防、国家安全、国家利益、重大社会公共利益的科技成果的使用权、处置权和收益权，全部下放给符合条件的项目承担单位，鼓励以技术转让、作价入股等方式加强技术转移。科技成果转移转化所得收入全部留归单位。三要提高科研人员成果转化收益比例。对完成和转化职务科技成果作出重要贡献的人员给予的奖励和报酬比例，除已有明确约定外，可从现行的不得低于科技成果转让净收入的 20% 提高到 50%。四要加强知识产权保护和技术标准制定。出台加强测绘地理信息知识产权管理的有关办法。强化技术标准在科技成果转化中的导向和促进作用。制定以技术标准促进成果转化应用的措施。

《意见》最后指出，要加强科技人才队伍建设。包括：一要促进科技人才知识更新。培养新一代高层次复合型科技人才，为测绘地理信息发展提供人才储备与智力支持。二要打造高水平的科技创新团队。强化"项目＋人才"的科技创新人才分类支持，鼓励年轻科技人员承担重要科研项目。积聚一批具有国际视野、掌握国际前沿的科技领军人才。积极探索建立国际联合研究团队，支持申报国家创新团队。三要完善科技创新人才流动机制。经主管部门批准，科研型事业单位可公开招聘负责人和科研带头人，赋予创新人才更大财务支配权、技术路线决策权。鼓励符合条件的科研人员经所在单位批准，带着科研项目和成果，按照国家规定保留基本待遇到企业开展创新工作或创办企业。

三、政策解析

《意见》明确了今后一段时间内我国测绘地理信息科技创新的重点任务，将为我国测绘地理信息强国建设、经济社会科学发展提供强有力的科技支撑和保障。其主要意义体现在：

一是，《意见》为我国测绘地理信息科技创新未来发展勾画了新蓝图。《意见》研判形势，直指测绘地理信息科技创新发展问题症结，从体制机制、自主创新、创新平台、创新主题、成果转化、人才队伍等方面提出了相应的发展任务，通过凝聚各方力量，为全面深化测绘地理信息科技体制改革、提升测绘地理信息科技创新能力奠定了坚实的基础。该《意见》和之后印发的《信息化测绘体系建设技术大纲》，将共同作为新时期我国全面加强测绘地理信息科技创新的重要文件，为加快科技创新提供政策指导和保障。

二是，《意见》将推动测绘地理信息产业加速转型升级。在全球科技创新日益活跃、学科交叉融合加速、创新链条不断延伸、技术更新和成果转化更加灵活快捷、产业转型升级不断加快的大背景下，《意见》的及时出台为测绘地理信息科技创新带来了重大发展机遇。《意见》提出的"加强测绘地理信息技术与物联网、云计算、大数据等技术的交叉融合研究"，将极大地拓展测绘地理信息的应用潜力；通过将"互联网＋"理念引入测绘地理信息工作，不仅仅是带来技术上的变革和服务模式的创新，更重要的是将引发测绘地理信息未来发展思维方式的变革，进一步促进跨界融合，催生新型业态；通过国际科技交流合作，引入国际先进制造技术和人才，将快速提升我国测绘地理信息装备制造水平以及我国的国际话语权。该《意见》将成为新时期推动测绘地理信息产业转型升级的重要支撑和保障。

三是，《意见》将加速"互联网＋天基信息服务系统"的构建。测绘地理信息具有广泛的产业关联度，能有效带动大数据、云计算、物联网等的发展。所谓"互联网＋天基信息服务系统"是由若干颗具有遥感、导航、通信功能的低轨卫星组成的天基信息网，与现有地面互联网、移动网、物联网等地基信息网整体集成，通过一星多用、多星组网，实现对全球表面分米级空间分辨率、小时级时间分辨率的数据采集和米级精度的导航定位服务系统，在新时空大数据、云计算、物联网和天基信息服务智能终端支持下，通过天地通信网络实现全球无缝的互联互通，实时为国民经济建设各部门、各行业和广大手机用户提供快速、准确、智能化的信息增值服务。《意见》通过加强北斗卫星导航系统应用、资源三号卫星后续星和系列测绘卫星等方面的研究，以及测绘地理信息技术与物联网、云计算、大数据等技术的交叉融合研究，强化原始创新、集成创新、引进消化吸收再创新，有利于打造"互联网＋天基信息服务系统"，抢占国际科技竞争制高点的同时，全方位支持全球用户在任何地方、任何时候的信息获取、高精度定位与多媒体通信服务。

四是，《意见》将拓展测绘地理信息科技创新创业的巨大空间。《意见》提出了"推进科技成果使用、处置和收益管理改革"和"提高科研人员成果转化收益比例"等任务，将财政资金支持形成的科技成果的使用权、处置权和收益权，全部下放给符合条件的项目承担单位，并将科技成果转移转化所得收入全部留归单位，同时将对完成和转化职务科技成果作出重要贡献的人员给予的奖励和报酬比例，从现行的不得低于科技成果转让净收入的 20% 提高到 50%。这些规定符合当今"大众创业、万众创新"的时代要求，同时也与最新版《中华人民共和国促进科技成果转化法》的基本理念保持了一致，有助于激发企业、科研院所、高校等主体和科技人员的创新积极性。

第五节 《地图管理条例》

一、政策背景

地图是一个国家版图的主要表现形式，能够直观反映国家的主权范围，体现国家的政治主张，具有严肃的政治性、严格的法定性和严密的科学性。近年来，随着我国地理信息产业的迅速发展，地图的编制方式、承载内容和传播手段等发生了重大变化，并出现了许多新情况。比如，地图的编制和经营日益多样化、市场化，原来各部门所属、重点开展专题地图编制的测绘队伍已与部门脱钩，变为市场主体，出版社也按照国家要求进行了转企改制，1995 年发布的《地图编制出版管理条例》内容亟须调整；与地图密切相关的地理信息产业迅速发展，三维地图、街景地图、手机地图等层出不穷，且广泛承载了政经文化、天文地理、衣食住行等大量信息，与国家安全、经济社会发展及人民日常生活密切相关，迫切需要扩大调整范围，推进地理信息公共服务；近年来危害国家主权、安全和利益，以及侵犯个人信息的地图违法违规事件时有发生，地图错绘、漏绘、在互联网地图上标注涉密地理信息以及泄露用户个人信息等问题大量存在，亟须加强安全监管；等等。为了切实解决上述问题，根据《中华人民共和国测绘法》，编制了《地图管理条例》（以下简称《条例》），并于 2015 年 11 月 11 日通过国务院第 111 次常务会议审议，自 2016 年 1 月 1 日起施行。《条例》旨在加强地图管理，维护国家主权、安全和利益，促进地理信息产业健康持续发展，更好地服务经济建设、社会发展和人民生活。

二、政策要点

《条例》对地图的编制、审核、出版和互联网地图服务以及监督检查活动作出了规定，简要如下：

《条例》对监管主体、地图编制主体、编制标准等作出规定，指出国务院测绘地理信息行政主管部门负责全国地图工作的统一监督管理，县级以上地方人民政府负责管理测绘地理信息工作的行政部门负责本行政区域地图工作的统一监督管理。对于地图编制主体，规定从事地图编制活动的单位应当依法取得相应的测绘资质证书，并在资质等级许可的范围内开展地图编制工作。对于地图编制的标准和要求，明确地图编制单位应当执行地图编制标准，选用最新的地图资料，使用依法公布的重要地理信息数据，不得在地图上表示禁止表示的内容。《条例》也对公益性地图作出了明确规定，指出县级以上人民政府测绘地信行政主管部门应向社会公布公益性地图供无偿使用，并定期更新。

《条例》对地图审核做了详细规定，旨在保证地图不出现错绘、漏绘、泄露国家秘密等问题。《条例》规定"国家实行地图审核制度"，并明确了地图审核范围、送审主体、审核程序、测绘地信行政主管部门的审核职责、审核内容和审核时限等。指出，应急保障等特殊情况需要使用的地图应当即送即审。利用涉及国家秘密的测绘成果编制地图应当经保密技术处理。经审核批准的地图，应当在适当位置显著标注审图号。地图审核不得收费。

《条例》对地图出版工作也做了简要规定。指出，出版单位从事地图出版活动的，应当具有国务院出版行政主管部门审核批准的地图出版业务范围，并依照《出版管理条例》的有关规定办理审批手续。出版单位根据需要，可以在出版物中插附经审核批准的地图。县级以上人民政府出版行政主管部门应当加强对地图出版活动的监督管理，依法对地图出版违法行为进行查处。《条例》规定，任何出版单位不得出版未经审定的中小学教学地图。出版单位出版地图，应当按照国家有关规定向国家图书馆、中国版本图书馆和国务院出版行政主管部门免费送交样本。地图著作权的保护，依照有关著作权法律、法规的规定执行。

《条例》对互联网地图服务的相关内容做了详细规定。指出，国家鼓励和支持互联网地图服务单位开展地理信息开发利用和增值服务，并规定了互联网地图服务市场准入制度、数据安全管理制度、用户信息保护制度、违法信息监管及核查备案制度，重点对互联网地图服务单位进行了明确要求，包括：向公众提供地理位置定位、地理信息上传标注和地图数据库开发等服务的，应当取得测绘资质；应当将存放地图数据的服务器设在中国境内，并制定地图数据安全管理制度和保障措施；收集、使用用户信息须经用户同意，不得泄露、篡改、出售或者非法向他人提供用户的个人信息；发现传输的地图信息含有不得表示内容的，应当立即停止传输，向有关部门报告；对地图新增内容加强核查校对，并向测绘地信行政主管部门备案。《条例》还对互联网地图服务单位收集和保护个人信息的义务制定了罚则，即互联网地图服务单位使用未经依法审核批准的地图提供服务，或者未对互联网地图新增内容进行核查校对的，责令改正，给予警告，可以处20万元以下的罚款；有违法所得的，没收违法所得；情节严重的，责令停业整顿，降低资质等级或者吊销测绘资质证书；构成犯罪的，依法追究刑事责任。

三、政策解析

《条例》以推进地理信息规范监管和广泛应用为总要求，以维护国家主权、保障地理信息安全、方便群众生活为基本原则进行编制，其颁布实施具有重要的现实意义和长远的战略意义。

一是，《条例》体现了政府放管结合、优化服务的职能转变思路。《条例》一方面将部分地图审核权下放至设区的市级人民政府测绘地信行政主管部门，一方面明确地图编制标准，加强重点环节监管，通过地图审核、市场准入、保密技术处理、数据安全监管、检查备案等方式保障地理信息安全，做到了"放管结合"。《条例》强化了各主体的责任意识，如针对互联网地图管理，在加强互联网地图服务行业的政策扶持的同时，也明确了主管部门对互联网地图服务单位监督管理职责。此外，《条例》也明确政府及其有关部门在地图管理、推动产业发展、提供公共服务等方面的责任，以及违法编制地图、违法提供互联网地图服务以及危害地理信息安全等行为的法律责任，并加大了追责力度。

二是，《条例》奠定了新时期地图管理的法治基础。《条例》进一步规范了地图编制、审核、出版和互联网地图服务以及监督检查等活动，是长期开展测绘地理信息工作的重要立法成果，是我国测绘地理信息法律规范体系的重要组成部分，是未来一段时期我国依法治测的有力抓手。《条例》的颁布实施，为测绘地理信息事业改革创新发展提供了重要保障，显示了我国对推动地理信息产业发展、维护地理信息安全的重视程度，有利于促进地图市场健康发展。

三是，《条例》强化了对互联网地图服务的监管。互联网时代，互联网地图的影响越来越大。为了保障信息安全，《条例》依据《全国人民代表大会常务委员会关于加强网络信息保护的决定》，在总结实践经验的基础上，专门设立了一章"互联网地图服务"，规定了互联网地图服务基本制度，包括互联网地图服务市场准入、数据安全管理、用户信息保护、违法信息监管及核查备案等制度，加强对互联网地图服务行业的监督管理，保证了地图出版、使用过程中的准确、严格和权威，避免出现损害国家主权完整和个人利益的行为出现。

四是，《条例》有助于带动北斗导航、测绘地理信息等产业发展。《条例》明确规定，国家支持地理信息科学技术创新和产业发展，加快地理信息产业结构调整和优化升级，促进地理信息深层次应用，建立健全地理信息资源共建共享机制，推进地理信息公共服务和数据开放共享。鼓励编制和出版符合标准和规定的各类地图产品，支持互联网地图服务单位开展地理信息开发利用和增值服务。县级以上人民政府逐步建立健全政府部门间地理信息资源共建共享机制，加强对互联网地图服务行业的扶持和监督。县级以上人民政府测绘地信行政主管部门在及时获取、处理、更新基础地理信息数据的基础上，通过地理信息公共服务平台向社会提供公共服务。上述规定都有助于进一步丰富地图产品，推动大众创业、万众创新，带动北斗导航定位系统、地图数据及其相关测绘行业、GIS 基础软件等的创新发展。

第六节 《关于开展主要农作物生产全程机械化推进行动的意见》

一、政策背景

自 2004 年《农业机械化促进法》颁布实施以来，在购机补贴等政策推动以及农民庞大需求拉动下，我国农业机械化和农机工业实现了快速发展，迎来了我国农业机械化跨越式发展的"黄金十年"。2014 年开始，农业部又启动实施了水稻、玉米等主要农作物生产全程机械化示范项目，得到了地方的积极响应，并取得了初步成效，积累了一定经验。但同时也要看到，近几年我国农作物综合机械化水平总体在持续攀升，但增速已然放缓，显示了我国农业机械进入到了由量增向量质共进提升的阶段。特别是当前我国农业机械化发展水平与现代农业发展的要求相比，仍存在诸多"短板"，如从作物来看，除了小麦生产基本实现了耕种收综合机械化外，其他作物的综合机械化水平仍偏低；从各个环节上来看，除了耕整地环节机械化水平较高外，部分作物的播种、植保、灌溉、收获、烘干、秸秆处理等环节机械化水平仍滞后；从区域来看，除了东北、华北等区域装备水平和农机作业水平较高外，其他地区均相对落后。这些"短板"迫切需要解决。此外，近年来我国工业化、城镇化进程和农村劳动力转移步伐加快，结构性短缺将更加突出，农业资源更趋紧俏，农产品生产成本"地板"和市场价格"天花板"挤压矛盾更加凸显，亟须寻找新的应对办法。加速开展全程机械化推进行动将是破解我国农业生产面临的"谁来种地、怎么种地"难题的有效举措。

为提升农业生产效率、降低生产成本，转变农业发展方式，推进农业现代化进程，农业部于2015年8月17日印发了《关于开展主要农作物生产全程机械化推进行动的意见》（以下简称《意见》），将"主要农作物全程机械化推进行动"作为当前加快现代农业发展的一项重点工作来全面部署。

二、政策要点

（一）发展目标

《意见》提出，到2020年，力争全国农作物耕种收综合机械化水平达到68%以上，其中三大粮食作物耕种收综合机械化水平均达到80%以上，机械化植保防治、机械化秸秆处理和机械化烘干处理水平有大幅度提升。在主要农作物的优势生产区域内，建设500个左右率先基本实现生产全程机械化的示范县；在有条件的省份整省推进，率先基本实现全省（自治区、直辖市）主要农作物生产全程机械化。

（二）主要内容

《意见》定位于九大作物种类，即以水稻、玉米、小麦、马铃薯、棉花、油菜、花生、大豆、甘蔗等主要农作物为重点。聚焦了六个生产环节，即以提高耕整地、种植、植保、收获、烘干、秸秆处理等主要环节机械化水平为重点。明确了两个主攻方向，包括提升主要粮食作物生产全程机械化水平和突破主要经济作物生产全程机械化"瓶颈"，前者重点是巩固提高深松整地、精量播种、水稻机械化育（插）秧、玉米机收、马铃薯机收、大豆机收等环节机械化作业水平，解决高效植保、烘干、秸秆处理等薄弱环节的机械应用难题；后者重点是示范推广棉花机采、油菜机播和机收、花生机播和机收、甘蔗机种和机收等关键环节的农机化技术。同时，探索一系列全程机械化生产模式，即根据我国主要农作物的优势产区、种植模式和全程机械化特点，确立推进各个主要农作物生产全程机械化的主要内容，分作物、分区域建成一批率先基本实现生产全程机械化的示范区（县）。

（三）重点工作

《意见》根据推进主要农作物生产全程机械化的发展目标和主要内容，要突出抓好以下四项重点工作：

一是强化农机购置补贴等政策的导向作用，全面提升全程机械化生产的装备水平。中央财政农机购置补贴资金要重点向产粮大县、新型经营主体、粮棉油糖等主要农作物生产关键环节机具倾斜。积极推进农机新产品购置补贴试点，支持鼓励老旧农机报废更新，着力优化农机装备结构。探索北斗卫星精准定位、自动导航、物联网等现代信息技术在农机装备上的应用，进一步推动农机装备升级换代。积极推进农机工业实施《中国制造2025》，鼓励和引导农机制造企业、科研院所等加大农机装备研发创新力度，提高研发能力和制造水平。重点围绕主要作物全程机械化生产的薄弱环节，搭建农业、农机制造、科研等多部门合作的科技创新平台，合力攻关，突破全程机械化所需关键环节机具的瓶颈制约。加强在用农机具质量监督检查，推进农机产品质量性能提升。

二是发展农机社会化服务，培育壮大全程机械化的生产主体。积极培育多元化的农机社会化服务组织、农业生产规模经营者等市场化生产主体，大力推进跨区作业、订单作业、托管服务、租赁经营等农机社会化服务，切实提高主要农作物生产的组织化程度。引导工商社会资本投向农机作业服务，推进农机作业服务市场化、专业化、规模化、产业化。深入开展全国农机专业合作社示范社创建活动，重点培育一批农机合作社示范社。加强农机教育培训和农机职业技能开发，大力培养一批农机作业能手和农机维修能手。

三是创建农机化示范区（县），探索形成区域化的全程机械化生产模式。优化农机财政专项资金支出结构，加大主要农作物生产全程机械化的投入力度，积极开展全程机械化的试验示范，探索总结全程机械化的技术路径、技术模式、机具配套、操作规程及服务方式。充分发挥农机深松等作业补助政策的导向作用，加快先进适用农机化技术的推广。在农作物主产区建设500个全程机械化示范县（区、场），探索形成一系列分作物、分区域的机械化生产模式，建成一批全程机械化万亩示范片。通过树立可复制、可推广的典型，以点带面，不断提高周边地区主要农作物生产全程机械化水平。

四是加强农机化基础建设，努力改善全程机械化的发展条件。加强高标准农田建设，积极推动农田水利基础设施建设和土地整理，促进农村土地经营权有序流转，发展农业适度规模经营，为规模化的农机作业服务创造条件。加快推进机械化与信息化融合发展，建设和完善全国统一的农机作业动态信息监测与服务平台，及时采集和发布农机作业供需信息，培育和规范农机作业等服务市场。大力支持农机合作社、农机大户兴建农机具库棚，不断加强机耕道路和农机维修网点建设，推动解决农机"住房难、行路难、看病难"等问题。

（四）保障措施

为保障全程机械化推进行动的顺利实施，《意见》提出五个方面的措施建议，即：

一是强化组织领导。各地要把推进主要农作物生产全程机械化作为加快现代农业发展的一项重点工作来抓，积极争取各级政府的重视和支持，主动协调有关职能部门以及农业系统各相关单位，形成高效的工作推动机制。要搞好统筹规划，制定实施方案，明确发展目标，落实工作任务，构建上下联动、多方协作、合力推进的工作责任机制。要制定评价科学的工作考核机制，把推进全程机械化纳入本地农业现代化发展的重要考核内容。

二是强化政策扶持。积极争取各级发改、财政等有关部门支持，有关农机购置补贴、农机作业补助、农业技术示范等项目资金应向推进行动的实施区域倾斜。要落实有关农机化发展的税费减免措施，强化对农机户、农机服务组织的金融支持和信贷服务，积极探索发展大型农机金融租赁服务。进一步加强农机试验鉴定、技术推广、安全监理、质量监督、教育培训、信息宣传等农机化公共服务能力建设，确保全程机械化推进行动顺利实施。

三是强化技术支撑。农业部成立全程机械化推进行动专家指导组，按作物设立专业组，由农机化行业和农业产业技术体系的有关专家组成，开展决策咨询、技术指导、培训交流、验收考核等工作。各地要充分发挥各级农技、农机推广机构和生产企业、科研院校、农民专业合作社等社会组织的作用，分作物、分区域总结主要农作物全程机械化生产模式。

四是强化绩效考核。建立完善主要农作物生产全程机械化评价体系，以县（区、场）为单位进行绩效考核。重点实施区域要落实责任，整合力量，创建一批基本实现主要农作物生产全程机械化示范县。对符合创建工作要求的单位和地区，由农业部分批予以公布。

五是强化宣传引导。各地及时总结推进工作中的好做法、好经验、好典型，通过组织召开现场观摩活动、开设网络宣传专栏等多种形式，集中发布推进主要农作物生产全程机械化的技术成果、工作进展等，加强交流和学习借鉴。充分利用广播、电视、报刊、网络等多种媒体，开展主题突出、形式多样的宣传报道，为全程机械化推进行动营造良好舆论氛围。[1]

三、政策解析

《意见》的出台既落实了国家整体部署也契合了当前我国努力破解农业机械化发展所遇到的"短板"问题的决心，其实施有利于充分发挥农业机械集成技术、节本增效、实现规模经营的促进作用，有利于提升农业生产效率、降低生产成本，有利于加快推进主要农作物生产全程机械化，促进农业发展方式转变，提高农业综合生产能力和市场竞争力。

一是，《意见》提出将全程机械化与信息技术紧密结合。2012年，中央一号文件提出了"着力解决水稻机插和玉米、油菜、甘蔗、棉花机收等突出难题，探索农业全程机械化生产模式"的重要任务，这是我国首次对新时期农业由实现主要农作物生产关键环节机械化向农业全程机械化推进，同时向全面机械化发展的战略部署，也是促进现代农业由"粗放型"向"精细型""内涵式"发展的重要举措。2014年，中央一号文件又进一步强调要"建设以农业物联网和精准装备为重点的农业全程信息化和机械化技术体系""加快推进大田作物生产全程机械化，主攻机插秧、机采棉、甘蔗机收等薄弱环节，实现作物品种、栽培技术和机械装备的集成配套"等。随着自动导航、精准定位等信息技术的发展以及应用，推进主要农作物生产全程机械化对于现代农业建设而言显得日益重要和紧迫。对此，《意见》按照近年中央一号文件精神要求，优先选取关乎国家粮食安全，且用工量大、

---

[1] 摘自农业部：《关于开展主要农作物生产全程机械化推进行动的意见》（农机发〔2015〕1号），2015年8月。

比较效益低的粮棉油糖等九大类农作物，以耕整地、播种、植保、收获、烘干、秸秆处理为重点环节，着力提升作物生产全程机械化水平。

二是，《意见》明确了当前推进农业全程机械化的重点和难点。农机补贴政策作为一项极具导向的国家财政政策，对于我国农机化事业推进、提高国内农机产品的提档升级作用极为明显。为此，《意见》指出，要"强化农机购置补贴等政策的导向作用""中央财政农机购置补贴资金要重点向产粮大县、新型经营主体、粮棉油糖等主要农作物生产关键环节机具倾斜"。对于当前我国主要经济作物生产全程机械化的"瓶颈"问题，重点是要示范推广棉花机采、油菜花生等机播和机收、甘蔗机种和机收等环节的农机化技术。为此，《意见》不仅提出"重点围绕主要作物全程机械化生产的薄弱环节，搭建农业、农机制造、科研等多部门合作的科技创新平台，合力攻关，突破全程机械化所需关键环节机具的瓶颈制约"，同时也提出要"加快先进适用农机化技术的推广"以及"在农作物主产区建设500个全程机械化示范县（区、场）"。整体而言，《意见》抓住问题关键，农机补贴逐渐向关键环节机具倾斜，主要作物逐渐向经济作物倾斜。

三是，《意见》将有效带动北斗导航产业应用发展。北斗导航应用与农业生产的各个环节是密切结合、相互促进的，在农作物制种、耕地、播种、植保、灌溉、收获、运输、烘干、秸秆处理等环节，以及灾后重播、农机具跨区作业调度管理等方面都有北斗系统发挥作用的空间。《意见》规定："探索北斗卫星精准定位、自动导航、物联网等现代信息技术在农机装备上的应用，进一步推动农机装备升级换代。"通过将最先进的卫星导航定位技术、物联网等应用于农业生产，将加速农业生产方式由传统粗放式耕作转为精细管理和精细生产转变，有利于科学合理地利用农业资源、提高农作物产量、降低生产成本、减少环境污染，产生显著的经济效益、环境效益和社会效益。

热 点 篇

第五章　热点1：北斗应用进入"北斗+"的时代

一、热点事件

2015年8月，中国兵工集团携手互联网巨头阿里巴巴集团成立千寻位置网络有限公司，以"北斗位置服务＋互联网"，通过北斗地基一张网的整合与建设，基于数据和云计算技术构建位置服务云平台，为国家、行业、大众市场提供精准位置服务。

9月，第四届中国卫星导航与位置服务年会暨展览会在北京国家会议中心举行。与会专家们普遍认为，[1]"北斗＋"模式快速发展将推动北斗高速增长，推动北斗技术在智慧旅游、智能交通、智慧港口、智能管网、物流监控、精准农业、民生关爱等行业的广泛应用。

"北斗＋"具有以下主要特征：一是跨界融合。"北斗＋"概念中，"＋"是指跨界，代表着变革与开放，继而实现重塑融合；"北斗＋"就是"北斗数据应用＋各个传统行业"，是利用北斗数据应用与传统行业的跨界融合，创造新的发展业态，满足不断更新的市场需求。跨界融合是推进"北斗＋"的基本方式，只有通过跨界融合与其他行业进行结合，北斗才能实现产业化应用、规模化发展。二是结构重塑。"北斗＋"模式的出现，标志着北斗产业逐步走向规模化应用。在技术突破和商业模式创新的推动下，原来以芯片、板卡、终端等制造为主的北斗产业体系，向以应用创新和服务创新为主体的产业体系拓展。三是创新应用。"北斗＋"的本质就是应用创新。北斗要在传统行业广泛应用，必须顺应市场需求，不断创

---

[1]　郭艳红：《北斗应用进入无边界扩张的时代》，《国防科技工业》2015年第10期。

新应用模式和商业模式，逐步拓展应用领域和范围。四是开放生态。创新与融合成为北斗产业发展的新常态，要求打破过去影响规模化应用的障碍，通过开放式创新、开放式应用合作，形成完整的生态体系，实现"北斗+"的无边界扩张。

二、热点评述

（一）科学指导"北斗+"跨界融合，进一步创新应用新的业务领域

通过顶层设计与规划，科学指导"北斗+"跨界融合，打通北斗与传统产业之间的行业壁垒，共同携手面对融合困局，打造新的北斗应用业态。一是建立北斗与传统产业之间的融合创新机制，搭建常态化的企业互动交流和业务推广宣传平台，实现北斗与传统行业在多个层面的充分对接，形成北斗与传统产业领域的资源互补共享。二是加快北斗关键部件和核心技术的科技创新，尤其是加大国产北斗芯片创新力度，使其向低能耗、小型化、低成本、高可靠方向发展；推进北斗与其他卫星导航芯片兼容以及创新多种定位技术和组合模式，以提高北斗服务精度和市场竞争力。三是健全北斗产业链，在原产业链基础上，审时度势，重点向导航软件、应用集成、检测认证、导航图供应等产业链横向拓展，以扩大应用、满足需求、开拓行业作为主线，实现北斗效益的最大化。

（二）加快"北斗+"发展步伐，进一步探索建立可行的商业模式

对于"北斗+"来说，技术和成本已不再是困扰其发展的突出问题，最大难点在于可行商业模式的建立。"北斗+"加什么？怎么加？还需要进一步探索新的商业模式。探索建立可行的商业模式，应该考虑：一是北斗应用要在单一功能和产品基础上形成多种功能和产品相互融合、定位导航与互联网、移动互联等新兴行业相互融合的发展态势；二是通过创新合作共赢模式，鼓励有实力的企业建设北斗运营服务平台，拓展北斗运营服务能力；三是加强北斗应用与大众日常需求的相融合，使得北斗应用更加融入百姓生活，贴近大众民生，为百姓提供便捷、有效的服务。

（三）推动"北斗+"健康有序发展，进一步加强网络数据安全保障

安全是一切的根基，没有安全就没有一切，因此，保障网络数据安全是北斗与传统产业融合工作的重中之重。一是针对传统企业对北斗数据安全的忧虑，加快出台相关网络信息安全的政策法规，营造安全的网络信息环境，消除企业对北

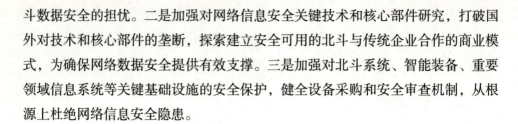

斗数据安全的担忧。二是加强对网络信息安全关键技术和核心部件研究，打破国外对技术和核心部件的垄断，探索建立安全可用的北斗与传统企业合作的商业模式，为确保网络数据安全提供有效支撑。三是加强对北斗系统、智能装备、重要领域信息系统等关键基础设施的安全保护，健全设备采购和安全审查机制，从根源上杜绝网络信息安全隐患。

（四）营造"北斗+"发展的良好环境，进一步完善相关政策法规体系建设

重视北斗应用行业标准和相关法规体系的建设，营造"北斗+"赖以生存和发展的良好环境。一是加强北斗行业标准建设，规范北斗应用市场，提高国内企业利用专利参与国际竞争的能力。二是加强北斗应用相关法规体系建设，制定详细的实施方案及细则，研究决策北斗应用过程中的重大问题，统筹规划北斗产业。三是重视有关安全与监管方面政策，提高对用户信息安全及现有北斗服务平台的运营服务的监管力度和防范意识，确保北斗应用与运营服务的正常有序进行。

第六章　热点2：京津冀战略合作推动北斗产业发展

一、热点事件

京津冀协同发展是国家重大战略。2015 年 7 月，京津冀北斗卫星导航区域应用示范项目工作研讨会在北京举行。北京市、天津市、河北省三地主管部门领导均表示要全力支持京津冀北斗卫星导航区域应用示范工作，积极推进示范项目建设，加快推进京津冀北斗应用一体化工作。8 月，京津冀科学技术协会科技成果转化平台项目发布和推介会在北京举办。北斗卫星定位系统地面应用、新能源等 30 个科技项目，首次向京津冀的政府部门、科技园区、企事业单位等进行集中推介，一批优质科技成果转化应用。11 月，京津冀北斗卫星导航区域应用示范项目工作推进会在石家庄召开。

二、热点评述

（一）发挥京津冀三地各自优势，推动北斗导航产业快速发展

由京津冀三方协同推进北斗卫星导航区域应用，统筹三地的技术、人才等优势资源，挖掘共性的需求，加快推进项目设计和论证的各项工作。北京作为国家北斗区域示范应用城市，在北斗产业发展方面已经具备了良好的发展基础，北京通过与天津、河北两地的相关企业和主管部门加强合作。充分利用京津冀三地各自的资源优势，着力建设高分数据典型行业应用与重点地区应用，建立遥感应用产业标准，构建以定位导航、遥感应用、地理信息等为重点的空间信息技术产业，实现京津冀地区产业互动与资源融合，引导卫星遥感信息产业的规范化、标准化发展。

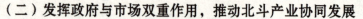

（二）发挥政府与市场双重作用，推动北斗产业协同发展

政府要通过制定区域空间分布的规划和产业发展导向，明确三地产业定位，清理不适应区域协同和市场经济的地方政策，消除地区间壁垒，鼓励北斗相关企业跨行业、跨地区合作与投资。北斗导航产业发展的根本动力是市场，要尊重市场经济运行规律，以企业为经济合作的主体和载体，通过市场机制，合理配置北斗产业的各种资源，提升经济合作的效率和效益。

第七章 热点3:"一带一路"战略加速北斗国际化进程

一、热点事件

在"一带一路"国家战略中,北斗系统作为链接各国家和地区的重要信息纽带,其建设和产业化得到广泛的重视。2015 年,在"一带一路"战略积极推动下,北斗国际化步伐进一步加快,逐步走出一条开放兼容的发展之路。在第六届中国卫星导航学术年会上,与会单位重点探讨了北斗导航系统与"一带一路"沿线国家和地区发展的结合点。5 月,中俄签署了《关于中国北斗和俄罗斯格洛纳斯卫星导航系统共用兼容性的声明》,提出"联合生产北斗和格洛纳斯导航系统所需的接收设备"等内容,是首个北斗导航系统与其他卫星导航系统签署的系统间兼容与互操作政府文件,是北斗系统国际化发展的重要标志。7 月,《"一带一路"空间信息走廊建设与应用工程(一期)实施方案(2015—2017 年)》通过审议,强调北斗系统在促进"一带一路"沿线地区实现空间信息互联互通的基础性作用,"一带一路"沿线国家和地区将成为北斗卫星导航系统海外建设的重点。12 月,在中泰第四次贸易、投资及经济合作委员会会议上,两国签署的《备忘录》中写入了北斗系统 BDS/GNSS 合作,表明在泰的北斗合作项目提升到了国家层级。

二、热点评述

(一)北斗全球组网为服务"一带一路"沿线国家提供坚实基础

随着"一带一路"战略的实施,我国同沿线国家和地区之间的互动与联系更为频繁。根据计划,北斗卫星导航系统将于 2018 年为"一带一路"沿线国家提供基本服务,2020 年具有全球服务能力。届时,北斗系统性能将大幅提升,其

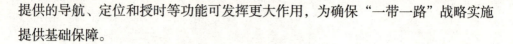

提供的导航、定位和授时等功能可发挥更大作用，为确保"一带一路"战略实施提供基础保障。

（二）"一带一路"沿线国家为北斗海外推广提供巨大市场空间

"一带一路"沿线共有 65 个国家和地区，其中大部分国家和地区的经济水平都不高，财力有限，难以建设自己独立的卫星系统。为了获得时空信息资源，往往采用租用一套或多套卫星系统的方式在本国开发和应用时空信息资源。北斗导航系统可为这些国家和地区提供稳定可靠的时空信息资源，为拓展北斗海外应用提供了广阔的市场空间。

第八章　热点4：时空信息服务业正成为北斗发展的重点方向

一、热点事件

所谓北斗时空信息服务业就是以北斗卫星所提供的时间和空间信息为核心和基础，结合多种卫星应用，融合集成互联网技术以及大数据、云计算、物联网等多种信息技术，整合多种数据资源，构建并提供功能强大、天地一体、无缝覆盖时空信息网络和服务的战略性新兴产业。北斗时空信息服务业体现的是"互联网＋北斗"的跨界融合，正逐步成为我国北斗产业发展的重点方向。

2015年5月，中国科学院院士孙家栋在第六届中国卫星导航学术年会中表示，北斗导航信息要与互联网融合发展，目前地面应用较为分散，需要进一步互通共赢；卫星导航技术正与信息技术紧密结合，在云计算、大数据等新技术的推动下，获取卫星导航数据和资料的成本大幅降低，使信息互通互联成为可能。

7月，北斗移动通信一体化芯片发布会暨智能终端北斗应用高峰论坛在北京召开。会上，工业和信息化部电子信息司领导指出，国务院近期出台了《关于积极推进"互联网＋"行动的指导意见》，北斗为互联网应用提供了基础的时间和空间信息，发展北斗应用产业，应进一步树立"北斗＋"思维，培育"互联网＋北斗位置服务"的新业态新模式；发挥产业链协同优势，加强核心芯片、基础算法等共性关键技术攻关，增强产业核心竞争力。

12月，第二届世界互联网大会·互联网之光博览会在乌镇开幕，中国卫星导航系统管理办公室提出了"互联网＋北斗新生态"的发展理念，即以北斗产业链为核心、北斗增强系统为基础设施，以互联网、大数据、云计算为支撑，以物

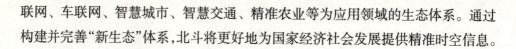

联网、车联网、智慧城市、智慧交通、精准农业等为应用领域的生态体系。通过构建并完善"新生态"体系,北斗将更好地为国家经济社会发展提供精准时空信息。

二、热点评述

(一)技术跨界融合为北斗时空信息服务业创新各种服务形式

技术的跨界融合是北斗时空信息服务业的最显著特征和推动力。技术跨界融合是指以北斗系统为基础,集合北斗通信、互联网和移动通信,融合北斗与手机之间信息转换技术及长信息拼接技术,为在网用户提供远程定位、导航、短报文互通及增值信息服务,可广泛应用于求助救援、应急保障、运输监控、野外勘探、水文和气象监测、电力、林业、边防巡检、航海及渔业定位等众多领域。当前所热议的如"北斗 + 交通""北斗 + 旅游""北斗 + 教育"等,就是北斗技术与这些领域的技术相互融合的结果,从而实现了北斗的各种创新应用,也为北斗时空信息服务业创新各种服务形式提供可能。

(二)市场空间拓展为北斗时空信息服务业提供更多发展机遇

由于国家与地方出台一系列支持信息技术和产业发展政策的推动、国产自主化技术的突破,以及"一带一路"战略的实施,这些都为北斗相关产业拓展了市场发展空间,并为北斗时空信息服务业提供了更多的发展机遇。国务院印发的《中国制造 2025》《关于积极推进"互联网 +"行动的指导意见》《促进大数据发展行动纲要》以及国家发改委发布的《关于实施新兴产业重大工程包信息消费工程空间技术应用专项的通知》等都将对北斗时空信息服务业发展起到促进作用。在"一带一路"战略积极推动下,北斗国际化步伐进一步加快,已逐步走出了一条开放兼容的发展之路;并且北斗与俄罗斯格洛纳斯导航系统展开了系列合作;以及北斗系统进入国际海事(IMO)、国际民航(ICAO)、移动通信(3GPP)等国际组织。这些市场空间的拓展都为北斗时空信息服务业提供了更多发展机遇。

产业链篇

第九章　北斗导航芯片

一、我国发布全球首款全系统多核高精度导航定位芯片

2015 年 5 月，我国正式发布了全球首款全系统多核高精度导航定位系统级芯片——"NebulasII"，这标志着国产芯片不但具备了国际竞争力，而且从逐步成为导航芯片市场的引领者。

"NebulasII"芯片由我国北斗星通导航技术股份有限公司研制发布。该款导航定位芯片率先将 55 纳米低功耗工艺应用在高精度领域采用，具有完全自主知识产权，有全系统、抗干扰、高输出率等多种特性，能够实现全球卫星导航系统高精度测量仪器的小型化。高精度、迷你型、低功耗芯片作为新一代导航芯片产业的发展趋势，在进入移动互联时代之后，与信息网络及物理空间密切结合，因此要求具备感知时间和空间功能器件的小型化。"NebulasII"芯片有小体积、抗干扰、多频点等技术优势，领先于该领域的其他同类产品。同时，"NebulasII"不仅可以涵盖北斗、GPS、格洛纳斯即伽利略导航系统的 12 个频点，还能够对抗数 10 个单音干扰，支持毫米级测量精度，基于此芯片基础上生产制造的接收机板卡能够缩小体积的 50%。"NebulasII"芯片的应用领域涵盖地理测量测绘、导航定向定位、北斗地基增强系统、精准农业、石油矿产勘探、地震滑坡地质灾害监测、智慧交通等领域。该款芯片在技术上的巨大突破，降低了未来北斗终端产品和应用服务的使用门槛，对做强我国自主可控的北斗卫星导航产业链具有重要意义。

二、具有自主知识产权的国产北斗纳米芯片开始量产

2015 年 11 月，武汉梦芯科技有限公司自主研发的启梦芯片获得成功。国产 40 纳米启梦 TM MXT2702 芯片率先实现量产，其性能、功耗、集成度和成本方

面均可媲美国际顶尖产品，有望全面取代 GPS。该芯片是我国首款自主研发、实现量产的北斗 40 纳米 SoC 定位芯片，可同时支持美国 GPS、中国北斗和俄罗斯格洛纳斯等卫星定位系统，完成首次定位用时不超 2 秒钟并能支持地基增强系统，实现优于 1 米的定位精度。北斗芯片是导航产业链的核心，启梦芯片是我国首款采用 40 纳米工艺量产的，同时兼容北斗、GPS 及格洛纳斯导航系统的基带射频一体化 SoC 芯片，具备高性能、低功耗的特点，而国内的同类型产品大都采用 55 纳米或更低的工艺。启梦芯片可以采用在北斗地基增强系统中，支持快速定位，首次定位时间不超过 2 秒，支持北斗栅格码，可大幅提高位置服务的搜索速度，提升北斗系统的可用度和用户体验度。启梦芯片可以广泛应用于海洋渔业、公安、农业等不同行业领域，也可以应用于可用在车载、无人机、平板电脑和手机等消费类导航终端上，其具备的智能跟踪功能则可以用在儿童、老人手机、智能手表、智能手环等终端中。随着物联网、"互联网 +"市场的繁荣发展，基于位置信息服务的智能信息市场也将迎来爆发式增长，该款 40 纳米导航芯片的量产标志着我国北斗芯片跨入新时代，将为拓展北斗大众消费市场提供强有力的支撑。

三、中俄将共同生产卫星导航芯片

2015 年 12 月 14 日，"格洛纳斯"非商业集团（其主要成员包括俄主要通信巨头梅加丰、温佩尔、俄罗斯电信公司等）通过了集团未来 3 年的发展战略，把中国确定为业务发展的重点方向。格洛纳斯集团与中国的北方工业集团商定成立合资企业，向全球推广建立在俄"格洛纳斯"及中国北斗导航系统基础之上的导航业务。企业将开发、生产和销售支持世界三大导航系统——中国北斗、俄罗斯格洛纳斯和美国全球定位系统的新型导航接收机，即开发、生产和销售最新型北斗—格洛纳斯—GPS 导航芯片，该品牌已经确立，被称为 BG-Star。按照计划，在中俄合作中，格洛纳斯集团将负责芯片本身的研制，并在"斯科尔科沃"科学城中建设一家企业负责生产和销售。考虑到"斯科尔科沃"的税收优惠，中俄双方正在进行谈判，进而实现芯片研制工作能在俄罗斯进行，生产和销售的工作由中国负责。

由于新的导航接收机将支持北斗、格洛纳斯和 GPS 的信号，该接收机的主要市场是中国和俄罗斯，未来也将对第三国市场输出，并将考虑应用到欧洲的"伽利略"导航系统中。新的导航接收机既不是用于智能手机，也不是用于高精度定位系统的，而是用于远程信息处理终端，用于格洛纳斯—时代 (Era-Glonass) 系统和欧盟的 eCall 系统（在欧盟境内出售的所有型号的家用车和轻型乘用车都必须安装一种被称作 eCall 的自动紧急呼叫系统）。俄罗斯在研发事故应急反应系统方面有丰富的经验，其相关系统则已经在使用并计划在 2017 年起强制要求所有在关税同盟范围内流通的新汽车上安装新的导航接收机。欧盟的 eCall 系统系统则将于 2018 年投入运行，可以预见，该芯片未来的应用市场将十分广阔。

第十章　北斗应用终端

一、北斗终端产品逐步占据国内市场主流

我国自主研发的北斗卫星导航系统是除美国的 GPS、俄罗斯的格洛纳斯之后第三个成熟的卫星导航系统，北斗导航硬件应用设施已逐渐完善，为北斗导航终端奠定了坚实的硬件基础。同时，围绕着北斗系统展开的产业化正在进行，北斗高精度芯片的研发成功将一举打破 GPS 对该领域的市场垄断，标志着我国北斗导航应用发展进入一个新的阶段，导航终端具备大规模民用的条件。由于我国北斗导航系统在民用领域有着重要的应用，各大行业都在积极开展示范工程，推广北斗导航终端的使用，包括车辆道路导航、重点车辆、船舶监控、智能手机等民用产品都已经成熟。以交通运输行业为例，交通运输部组织开展的"重点运输过程监控管理服务示范系统工程"已取得突破性进展，超额完成了安装北斗终端79000 台的目标任务。道路运输行业应用卫星定位技术的能力和水平得到了进一步提升，有力推动了北斗产业化发展。而最新出现的无人机、可穿戴智能设备等都是潜在的应用对象，大众领域应用终端产量即将迎来爆炸式增长。

2015 年我国北斗相关公司导航终端销量大增。以振芯科技公司为例，在北斗应用需求增长的影响下，其北斗终端需求持续增长，市场占有率有了显著提升。公司的北斗卫星导航定位终端销售收入达到 2.72 亿元，同比增长 70.84%，占比 74.1%，跃升为公司第一大业务。设计服务业务量明显增加，实现收入 3075 万元，同比增长 220.91%，占比 8.38%。随着未来国产北斗终端销售量的大幅增加，到 2020 年，预计具有北斗功能的终端产品可占到国内市场的 98% 以上。

二、车载导航终端成为近期发展最大市场

多年来，我国的汽车导航仪主要依赖 GPS，随着我国自主研发的北斗导航卫星系统正式运行以来，未来的车载导航必将会逐渐从 GPS 转到北斗上来。北斗车载终端导航市场的发展将得益于几个方面：一是我国汽车销量增速仍然较快，2015 年，我国乘用车批发销量达到 2020 万辆。随着国民经济水平的提高，未来我国汽车销量依然有望维持较快增速。2015 年，国内新增车辆前装导航渗透率在 15% 左右，日本和欧美市场车载导航仪渗透率分别为 85% 和 25%，欧盟平均也达到了 30% 以上，国内新车前装导航渗透率将有很大的市场提升空间，持续增长的汽车消费无疑会对北斗终端产品形成直接的需求。二是我国目前的汽车驾驶智能化技术发展仍以汽车厂商为主导，整体上处于自动驾驶 1 级（个别功能自动）到自动驾驶 2 级（多种功能自动）的过渡阶段，发展明显滞后于国外。为加快提升技术水平，《中国制造 2025》重点领域技术路线图已经将无人驾驶汽车作为汽车产业未来转型升级的重要方向之一，随着汽车智能化程度的不断提升，汽车对高精度北斗终端的需求也将加速增加。三是政策上的支持和宏观调控为发展汽车导航技术提供了有力保障。我国相关条例规定，用于公路营运的载客汽车、半挂牵引车、重型载货汽车应当安装使用符合国家标准的行驶记录仪，工信部更是明确要求道路运输管理部门对不符合安装卫星定位装置标准的新增车辆不予核发运输证，等等，这些都将壮大我国的车载导航市场。预计未来两年内，投入运行的北斗车载终端将达到千万台，由此产生的汽车电子信息增值也将超过千亿元。

三、北斗应用终端实现多功能集成化智能化

世界主要国家都将各类消费设备终端集成化、智能化作为重点培育的新兴消费热点。在国家《北斗卫星导航产业应用重大示范专项》的支持下，工信部组织实施了北斗在智能手机中的应用示范，通过组织展讯、海思、联芯等国内骨干手机芯片企业与北斗星通、泰斗微电子、东方联星、西安华讯等北斗自主的 IP 核提供方之间开展合作，共同研发用于智能手机的高集成度、低功耗的北斗移动、通信一体化芯片，由华为、中兴、联想、宇龙四家国内手机企业牵头负责整机适配和应用推广。中国信息通信研究院、国家无线电监测中心检测中心负责建设标准和检测服务平台。项目自启动以来，承担单位之间密切配合，各项工作正按照进度稳步推进。

随着《关于积极推进"互联网+"行动的指导意见》等扶持政策的出台，北斗将为互联网应用提供更广的基础的时间和空间信息，北斗应用产业发展将更加突出"北斗+"思维，北斗终端也将越来越集成化，"互联网+北斗位置服务"的新业态、新模式会越来越多，产业链上下游的协同优势将进一步体现，核心芯片、基础算法等共性关键技术也会取得突破。以中国兵器工业集团北方通用电子集团公司的全球首款北斗导航智能手机——警务通 BK919 为例，该设备具有"两大核心技术，六大创新设计"，是一种全新的多功能集成化的北斗应用终端。"中国北斗""康盾操作系统"是 BK919 的两大关键核心技术，而六大创新设计的指纹识别、身份证识别、户外增强显示、智能降噪清晰语音、双重动力等，则是专门针对公安行业增加的具有针对性的特有功能。通过快速定位、智能导航、3G 通信、高速联网等服务，BK919 可以为公安人员提供各类快捷、高效的警务执勤和应用，实现先进的五要素关联警务查询方案、全方位的警务应用模块功能，充分满足当代移动警务的综合要求。既是为中国公安系统专门定制的一款全新北斗警用终端产品，同时也是推动北斗产业民用化、警用化里程碑式的开端。BK919 与以往北斗终端产品相比，其最大的优势在于体积小、重量轻，便于警务人员随身携带，它先进的通话技术、更快的处理速度能使警务工作效率更高。[1] 此款产品推广之后，以北斗作为导航、定位支撑的各种民用终端产品将快速普及，北斗应用终端的集成化、智能化程度将越来越高，北斗终端应用将全方位进入人们的日常生活之中。

---

[1] 资料来源：中国兵器工业集团北方通用电子集团公司，www.norincogroup.com.cn。

第十一章 北斗系统集成与运营服务

一、军民融合助力北斗服务平台运行发展升级

2015 年 12 月，北斗（河南）信息综合服务平台项目达到建设设计要求，配套软硬件系统测试结果满足相应的技术指标要求，系统整体达到国内领先水平，通过了专家组的验收，标志着我国目前建设精度水平最高、施工建设最为规范、覆盖范围最为广阔、服务人口最多的高精度北斗信息综合服务平台正式建成。

河南北斗服务平台建设充分体现了军民融合的推动作用。平台在设计初始就将通盘考虑了"地基平台"与"运营平台"，采取了一体化的设计思路，实现了"一次规划，两步跨越"的设计构想。在架构规划上，改变了"集中到一个数据中心"的传统思维，采用源于网络信息系统建设的拟态"云架构"，为日后海量用户接入系统、共享北斗打下了坚实的技术基础。在建设过程中，解放军信息工程大学依托其在测绘导航领域的传统优势，凭借基础地理信息、网络技术、大数据服务、信息安全等领先技术，提出基于信息系统建设的"云架构"，并完成总体设计和核心软件研发。该平台是我国首个省一级北斗大数据中心，未来将直接接入高新区大数据中心，为河南北斗在中部乃至全国地区的使用破除技术障碍。同时平台利用大数据挖掘、海量数据分析处理等前沿技术，能够为各级政府部门决策管理提供适时、便捷的数据支持。平台按照"深度融合，寓军于民，平战结合，共建共享"的建设思路，按照国家信息系统防护标准构建了安防系统，确保为日常的位置服务、灾难应急响应等提供稳定、可靠的信息保障，成为典型的军民两用平台。河南北斗卫星导航平台有限公司将全面布局河南运营服务市场，在 18 个地市开设分公司，围绕交通、水利、农业、警务四个领域在全省范围内开展试点应用。

二、北斗民用分理单位逐步增多服务稳步发展

按照我国的管理机制，企业要向社会提供分理北斗卫星导航定位、授时、位置报告和短信服务，开展相关增值服务和应用项目，必须获得北斗导航民用分理服务资质。北斗导航民用分理服务资质由中国卫星导航定位应用管理中心（隶属于总参谋部测绘导航局）统一授权管理。中国卫星导航定位应用管理中心2014年9月发布的《北斗导航民用服务资质单位名录》和《北斗导航产品质量检测机构名录》显示北斗导航分理级服务正式单位12家、分理级试验单位32家、终端级服务单位44家，国家级北斗导航产品质检中心3家，区域级质检中心7家。[1]2015年，越来越多的企业正在申请或已经获得该资质，包括华力创通、中森通信科技有限公司、国网信息通信产业集团有限公司、浙大正呈科技有限公司、陕西北斗金控信息服务有限公司等，截至2016年1月，北斗导航民用分理服务单位12家、北斗导航民用分理服务试验单位66家、北斗导航终端机民用服务资质单位80家、检测机构18家（见表11-1—表11-4）。

表11-1　北斗导航民用分理服务单位

序号	单位名称
1	北京市北斗星通导航技术股份有限公司
2	北京神州天鸿科技有限公司
3	国智恒北斗科技集团股份有限公司
4	上海普适导航技术有限公司
5	成都振芯科技股份有限公司
6	重庆北斗导航应用技术股份有限公司
7	中电科卫星导航运营服务有限公司
8	航天恒星科技有限公司
9	广州广嘉北斗电子科技有限公司
10	上海四方信息技术股份有限公司
11	西藏金采科技股份有限公司
12	北京三信时代信息公司

资料来源：赛迪智库整理，2016年3月。

---

[1] 资料来源：中国卫星导航定位应用管理中心。

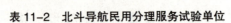

表 11-2 北斗导航民用分理服务试验单位

序号	单位名称
1	北京合众思壮科技股份有限公司
2	南京同方北斗科技有限公司
3	北京众华原创科技有限公司
4	中国电信集团卫星通信有限公司
5	湖南航天电子科技有限公司
6	国信军创（岳阳）六九零六科技有限公司
7	广东侨兴宇航科技有限公司
8	北京九亿网新农业信息技术有限公司
9	华安星科（北京）信息技术有限公司
10	安徽四创电子股份有限公司
11	广州海格通信集团股份有限公司
12	成都天奥电子股份有限公司
13	中国船舶工业系统工程研究院
14	上海北斗卫星导航平台有限公司
15	北京车网互联科技有限公司
16	石狮市飞通通讯设备有限公司
17	北斗天汇（北京）科技有限公司
18	坤泰云通科技（北京）有限公司
19	北京汇金科技有限责任公司
20	广州亿程交通信息有限公司
21	上海米度测控科技有限公司
22	西安航华信息科技有限公司
23	陕西北斗康鑫信息科技股份有限公司
24	北京国交信通科技发展公司
25	四川九洲电器集团有限公司
26	航天科技控股集团股份有限公司
27	云南银河之星科技有限公司
28	江苏北斗卫星应用产业研究院有限公司
29	河南北斗卫星导航平台有限公司
30	成都川美新技术开发有限公司
31	拓导科技河北有限公司
32	浙大正呈科技有限公司
33	中渔（福建）通信股份有限公司

（续表）

序号	单位名称
34	陕西北斗金控信息服务有限公司
35	北京国电通网络技术有限公司
36	海南北斗天绘科技有限公司
37	北斗恒通（北京）科技有限公司
38	贵州众华原创科技有限公司
39	交通运输部东海航海保障中心
40	浙江同博科技发展有限公司
41	浙江圆融科技有限公司
42	北京华力创通科技股份有限公司
43	深圳市三奇科技有限公司
44	北斗导航位置服务（北京）有限公司
45	辽宁神州北斗运营服务有限公司
46	天绘北斗科技有限公司
47	北京九天利建信息技术有限公司
48	北京天耀宏图科技有限公司
49	河南大华安防科技股份有限公司
50	广州市西洛电气制造有限公司
51	黑龙江北斗天宇卫星导航信息科技股份有限公司
52	民政部国家减灾中心
53	中国交通建设股份有限公司
54	中国兵器装备集团上海电控研究所（兵器工业218所）
55	广州北斗平台科技有限公司
56	星球地图出版社
57	北京航天宏图信息技术有限责任公司
58	浙江特勤卫星导航科技有限公司
59	成都中森通信科技有限公司
60	泰斗微电子科技有限公司
61	惠龙易通国际物流股份有限公司
62	中国机动车辆安全鉴定检测中心
63	中国铁路总公司运输局信息化部
64	北京中宝瑞得科技技术有限公司
65	山西长娥北斗导航数据服务有限公司
66	唐山中交兴路信息科技有限公司

资料来源：赛迪智库整理，2016 年 3 月。

表11-3　北斗导航终端级民用服务资质单位

序号	单位名称	业务范围
1	深圳市远东华强导航定位有限公司	测量型、定时型、导航型、短报文型
2	北京星地恒通信息科技有限公司	测量型、定时型、导航型、短报文型
3	成都国星通信有限公司	测量型、定时型、导航型、短报文型
4	同方电子科技有限公司	定时型、导航型、短报文型
5	中国人民解放军第一零零一工厂	测量型、定时型、导航型、短报文型
6	成都中森通信科技有限公司	导航型、短报文型
7	国信军创（岳阳）六九零六科技有限公司	定时型、导航型、短报文型
8	南京六九零二科技有限公司	定时型、导航型、短报文型
9	北京神州天鸿科技有限公司	定时型、导航型、短报文型
10	北京北斗星通导航技术股份有限公司	测量型、定时型、导航型、短报文型
11	江苏指南针导航通信技术有限公司	定时型、导航型、短报文型
12	华安星科（北京）信息技术有限公司	测量型、定时型、导航型、短报文型
13	北京汇美电子技术有限公司	测量型、导航型、短报文型
14	中电科技扬州宝军电子有限公司	定时型、导航型、短报文型
15	广州海格通信集团股份有限公司	测量型、定时型、导航型、短报文型
16	北京众华原创科技有限公司	定时型、导航型、短报文型
17	北斗天汇（北京）科技有限公司	测量型、定时型、导航型、短报文型
18	安徽四创电子股份有限公司	测量型、定时型、导航型、短报文型
19	天津航海仪器研究所 （中国船舶重工集团公司第707研究所）	测量型、导航型
20	航天恒星空间技术应用有限公司	定时型、导航型、短报文型
21	北京华力创通科技股份有限公司	定时型、导航型、短报文型
22	北京中宝瑞得科技技术有限公司	导航型
23	广州南方测绘仪器有限公司	测量型、导航型
24	北京九天利建信息技术有限公司	测量型、定时型、导航型、短报文型
25	湖南航天电子科技有限公司	测量型、导航型、短报文型
26	北京盈想东方科技发展有限公司	导航型
27	北京理工雷科电子信息技术有限公司	测量型、定时型、导航型、短报文型
28	成都天奥信息科技有限公司	定时型、导航型、短报文型
29	成都天奥电子股份有限公司	定时型、导航型、短报文型

（续表）

序号	单位名称	业务范围
30	福建星海通信科技有限公司	导航型、短报文型
31	广州市中海达测绘仪器有限公司	导航型、测量型
32	北京遥测技术研究所	测量型、定时型、导航型、短报文型
33	深圳市三奇科技有限公司	定时型、导航型、短报文型
34	上海华测导航技术有限公司	测量型、定时型、导航型
35	北斗导航科技有限公司	测量型、定时型、导航型、短报文型
36	中国兵器工业导航与控制技术研究所	测量型、导航型
37	江苏金陵机械制造总厂	定时型、导航型
38	西安中星伟业通信科技有限公司	定时型、导航型、短报文型
39	厦门九华通信设备厂	导航型、短报文型
40	西安空间无线电技术研究所	测量型、定时型、导航型、短报文型
41	四川九洲电器集团有限责任公司	测量型、定时型、导航型、短报文型
42	上海司南卫星导航技术有限公司	导航型、测量型
43	重庆北斗导航应用技术股份有限公司	导航型、定时型
44	重庆九洲星熠导航设备有限公司	导航型、定时型
45	泰斗微电子科技有限公司	导航型、定时型、短报文型
46	陕西诺维北斗信息科技股份有限公司	导航型、短报文型
47	北京北方联星科技有限公司	定时型、导航型、短报文型
48	北京微电子技术研究所	导航型、短报文型
49	北京韦加航通科技有限责任公司	导航型、短报文型
50	江苏无线电厂有限公司	导航型、短报文型
51	中国航空无线电电子研究所（上海615）	导航型、短报文型
52	北京星桥恒远导航科技股份有限公司	导航型、短报文型
53	成都川美新技术开发有限公司	导航型、短报文型
54	航天恒星科技有限公司	导航型、短报文型
55	广东亿纬电子有限公司	导航型
56	北斗恒通（北京）科技有限公司	导航型
57	北京精勤谐创科技发展有限公司	导航型
58	衡阳泰豪通信车辆有限公司	导航型、短报文型
59	江苏泰达机电设备有限责任公司	导航型、短报文型

（续表）

序号	单位名称	业务范围
60	中国人民解放军六九零五工厂	导航型、短报文型
61	青岛海信电子设备股份有限公司	导航型、短报文型
62	西安欣创电子技术有限公司	导航型、短报文型
63	中船重工第七一六研究所	导航型、短报文型
64	北京苍穹数码测绘有限公司	导航型
65	杭州中导科技开发有限公司	导航型
66	中国交通建设股份有限公司	导航型
67	黑龙江北斗天宇卫星导航信息科技股份有限公司	导航型
68	北京铁龙恒通车辆装备有限公司	导航型
69	成都星航电子有限公司	导航型
70	武汉中原电子集团有限公司（国营第710厂）	导航型、短报文型
71	中国兵器装备集团上海电控研究所（兵器工业218所）	导航型、短报文型
72	泰斗微电子科技有限公司	导航型、短报文型
73	国智恒北斗科技集团股份有限公司	导航型、短报文型
74	浙江圆融科技有限公司	导航型、短报文型
75	星球地图出版社	导航型
76	湖北高通空间技术有限公司	测量型、导航型
77	航天科控股集团股份有限公司	导航型、短报文型
78	尚禹河北电子科技有限公司	导航型、短报文型
79	河南北斗卫星导航平台有限公司	导航型
80	山西长娥北斗导航数据服务有限公司	导航型

资料来源：赛迪智库整理，2016年3月。

表11-4 北斗导航民用分理服务检测机构

序号	单位名称	检测中心名称	类别
1	中国电子科技集团公司第五十四研究所	国家通信导航与北斗卫星应用产品质量监督检验中心	国家中心
2	上海市计量测试技术研究院	国家卫星导航与定位服务产品质量监督检验中心（筹）	国家中心

（续表）

序号	单位名称	检测中心名称	类别
3	工业和信息化部电子第五研究所	国家卫星导航及应用产品质量监督检验中心（筹）	国家中心
4	北京无线电计量测试研究所	北斗卫星导航产品2101质量检测中心（筹）	区域中心
5	江苏北斗卫星导航检测中心有限公司	北斗卫星导航产品2201质量检测中心	区域中心
6	国防科学技术大学	北斗卫星导航产品2301质量检测中心	区域中心
7	中国电子科技集团公司第七研究所	北斗卫星导航产品2401质量检测中心（筹）	区域中心
8	中国电子科技集团公司第二十四研究所	北斗卫星导航产品2501质量检测中心（筹）	区域中心
9	中国电子科技集团公司第二十研究所	北斗卫星导航产品2601质量检测中心（筹）	区域中心
10	中国信息通信研究院	信息通信产品（电信终端）北斗卫星导航应用质量检测中心（筹）	行业中心
11	国家无线电监测中心检测中心	信息通信产品（无线电发射设备）北斗卫星导航应用质量检测中心（筹）	行业中心

资料来源：赛迪智库整理，2016 年 3 月。

三、室内外无缝定位技术将提升运营服务质量

当前，北斗系统地基增强系统建设已经完成总体技术方案论证和关键技术演示验证。北斗地基增强系统由基准站网络、数据处理系统、运营服务平台、数据播发系统和用户终端五大部分组成。其中，基准站接收卫星导航信号后，通过数据处理系统解算形成导航卫星精密轨道和钟差等差分增强信息，经卫星、广播、移动通信等手段实时播发给应用终端，应用终端利用差分增强信息修正误差，实现米、分米、厘米级以及后处理毫米级服务。2015 年底，我国北斗地基增强系统已建成了框架网和部分区域加密网基准站网络并投入运行，能够提供米级精度的定位服务。按照计划，到 2018 年底，我国将建成全国范围区域加密网基准站网络，届时将提供米级、分米级、厘米级和后处理毫米级的高精度位置服务。

室内外无缝定位也在积极发展中，将大大提升北斗运营服务质量。室内定位技术能够将真实的人和实物与虚拟空间的丰富数据信息结合，可以使线下的人

和物与线上信息一样能够被搜索、定位、连接,从而打破真实世界与虚拟世界的界限。基于此技术,零售、物流、制造、医疗、急救等行业将能够与互联网深度结合,将会产生和积累大量的数据,通过对数据进行挖掘和分析,促进这些行业提升营销和运营效率,实现转型升级。2015 年,联芯科技与联想集团合作,以 TC-OFDM 定位技术为基础,研发室内外定位互补技术,力争做到室内定位精度水平优于 3 米,垂直优于 1 米的效果。室内定位技术的成熟,将推动如物流、养老、医院、电力、机场等智慧工业与生活等应用服务的发展。

行业市场篇

第十二章 国 防

第一节 北斗导航在国防领域中的作用

自 20 世纪 90 年代以来，在海湾战争、阿富汗战争和伊拉克战争等现代化的高科技战争中，美军为了适用新军事变革条件下的局部战争，在人员、装备上使用了大量的卫星导航产品，如在导弹、精确炸弹等武器装备上安装 GPS 制导模式，使得美国在信息化战争中，均取得良好的效果。

为了保障国家的战略安全，从 2000 年开始，中国独立自主地研制北斗导航系统，截至 2015 年 9 月，我国共成功发射 20 颗卫星，经过北斗一代的实验阶段，逐渐步入北斗二代全球覆盖的新进程。虽然北斗系统与美国 GPS 系统在地面站设备、用户设备、卫星技术等方面仍有差距，但在顶层设计和系统结构方面却有着得天独厚的优势。北斗导航在国防上的应用，对于我国适应新军事变革下的军事需求具有重要意义。建设北斗导航定位系统不仅保障中国的太空安全和国防信息化建设，而且可以提高军队的作战效能、降低作战费用，对于促进我国的国防和军队改革具有重要意义。

第二节 北斗导航在国防领域的应用现状

根据公开资料显示，中国军队目前用于陆军、海军、空军、火箭军、战略支援部队的总兵力在 163 万左右；各种火炮 8000 门、坦克 7000 辆；战斗机 2300架和舰艇 300 艘；导弹 2000 枚。综合以上的数据，赛迪智库测算北斗军用市场规模如表 12-1 所示。

表 12-1　北斗军用市场规模一览表

类别	数量（万人/架/个）	配置比例	预估单价（万元）	预计市场规模（亿元）	预计市场规模（亿元）
士兵	163	30%	1.5	73.35	73.35
火炮	0.8	100%	3	2.4	2.4
坦克	0.7	100%	3	2.1	2.1
导弹	0.2	100%	5	1	1
战斗机	0.23	100%	30	6.9	6.9
军舰	0.03	100%	30	0.9	0.9
指挥系统	0.025	100%	200	5	5
总值					91.65

资料来源：赛迪智库整理，2016 年 3 月。

第三节　北斗导航在国防领域的应用前景

从 2015 年开始，北斗进入全球组网时代，从区域导航卫星向全球导航卫星发展，伴随着地基增强系统和中国精度的建设，北斗已经实现准确定位，北斗的军品订单已进入增长阶段。

北斗在建设初期提出的"三步走"战略中，北斗一代的目的主要是应用于国防领域。随着北斗一代在军队的广泛推广和北斗二代的全球组网，这对于提高北斗网络的精度和改进北斗卫星的终端具有重要作用。因此，赛迪智库认为，随着2015 年军队和国防改革的提出，国防信息化将进一步加强，2016 年北斗二代的军品订单很可能迎来爆发期。

第十三章　航　空

第一节　北斗导航在航空领域的作用

北斗卫星导航系统与全球其他导航系统相比各有优势，综合利用的保障效果会更好，因此我国民航业在将来使用的导航系统会逐步过渡到以北斗二代导航系统为基础，兼容其他主要导航系统，逐步摆脱对单一的美国 GPS 导航系统的依赖。

北斗卫星系统在航空领域的应用分为商用航空领域、通用航空领域、机场管理和特色航空领域四部分。商用航空的北斗导航卫星产业指的是在商用行业的各种导航设备，例如终端导航、精密导航和非精密导航等设备上采用北斗导航卫星系统。通用航空的北斗导航卫星产业指的是在除了商用航空的北斗导航产业的应用行业之外，如各种行业的飞行作业以及各种抢险救灾、国民经济建设等领域的飞行活动。机场管理的北斗卫星导航产业是指在机场等基础设施领域，对机场运行的各种交通设备，如飞机、车辆等进行监测，在保障机场高效运行的同时保持飞机的安全起降。北斗卫星导航在特色航空领域的运用指的是在新型飞行器进行设计和试验飞行的环节中，对这些环节的飞行器状态参数进行测量，从而保障这些飞行试验和处理数据的高效。

第二节　北斗导航在航空领域的应用现状

从全球范围来看，目前四大卫星导航设备在航空领域的设备应用的普及率明显偏低，在 2010 年时全球民航运输飞机约为 1600 架，其中只有大约 400 架飞机安装了卫星导航设备。在民用航空领域中，卫星导航设备作为航路导航的主要参考信息源，能够提供性能优越的导航服务。到目前为止，安装在全球商用行业和通用行业等飞行器上的导航卫星终端上安装的均为 GPS 导航卫星，但却很少使用北斗导航卫星。因此如果这些飞机全部装北斗导航，其在商用航空领域的大概市场总额能达到十几亿元人民币。

在通用航空领域，我国已在 2015 年全面开放了低空域，还在华南地区的广东省和东北地区的吉林省和黑龙江省等省市开展了低空域试点项目，目前正在向全国范围内的其他地区，如华中地区的湖北和湖南两省以及内蒙古、广西和海南等省份开展，在不同省份的试点应用项目开展将拉动通用航空北斗导航产业的快速发展。

第三节　北斗导航在航空领域的应用前景

由于卫星导航设备可以提升飞机安全性能，其产值在通用航空领域的普及率达到 75%，预计到 2020 年，全球航空领域的卫星导航产业的市场规模将达到 57 亿美元。同时，伴随着科技的进步，到 2020 年时，全球的航空运输行业中，终端接收机的价格将会呈现大幅下降的趋势。伴随着北斗导航卫星的技术进步和产业发展，使得北斗导航卫星进入相关行业的技术门槛。目前，这些卫星导航设备需求大部分是 GPS，一旦北斗导航卫星系统的技术指标达到与 GPS 导航卫星系统相同的技术指标，将会大大提高北斗导航在航空领域的应用水平。

在不远的将来，中国国内的航空公司、其他的机构在购买的国外的波音、空客等公司的飞机装备时，会要求这些公司选择安装或者强制安装北斗导航卫星接收机。国家民航局的数据显示，截至 2015 年，中国民航行业的运输飞机大约有 2800 架。经过赛迪智库测算，2015 年商用航空北斗导航市场份额在 8.3 亿元人民币左右，2016 年将达到 8.55 亿元人民币，2017 年为 8.7 亿元人民币，市场份额一直保持着稳定的增长态势（见图 13-1）。

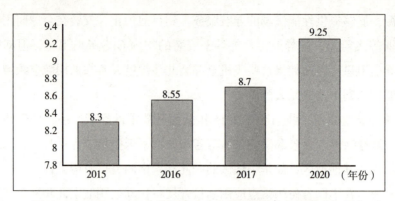

图13-1　2015—2020年商用航空北斗导航预计市场规模（亿元）

资料来源：赛迪智库，2016年3月。

根据中国科协、中国航空学会、通用航空专家委员会等机构和委员会等机构发布的市场报告预测，到2020年，国内市场上的通用飞机，如活塞飞机、涡桨飞机和喷气公务机等设备的需求量将达到1万架。赛迪智库测算，通用航空北斗导航产业2015年达到0.56亿元人民币，2016年为0.63亿元人民币（见图13-2）。

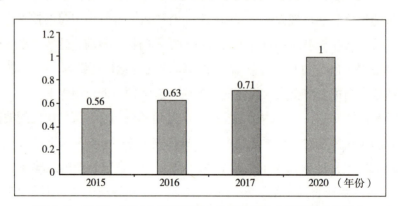

图13-2　2015—2020年通用航空北斗导航产业市场规模（亿元）

资料来源：赛迪智库，2016年3月。

第十四章　海洋渔业

北斗卫星导航系统在海洋渔业行业有着十分广泛的应用。不仅保证了渔船的安全性，而且也巩固和发展了渔业生产的能力，提高了海洋渔业适应环境的水平。比如农业部南海区渔政局，对赴南沙生产作业的渔船进行监测，通过北斗导航卫星的监控指挥管理系统，对海洋渔业的渔船位置进行监控。当渔业管理部门收到作业渔船的报告后，通过利用北斗卫星的定位功能对渔船的位置进行准确定位，同时利用北斗导航卫星的通信功能对渔船进行信息沟通，确保海洋渔业的作业人员的生命和财产安全。

第一节　北斗导航在海洋渔业领域的作用

一、增强渔业生产过程的安全性

目前在海洋渔业行业中，北斗卫星导航系统不仅具有其他三大卫星导航的导航、定位和授时的功能，并且还具有短报文的功能。通过这些共性和特定的功能，不仅实现了在复杂的海洋作业环境中提高导航的功能，而且还可以通过短报文功能，还实现了不同监管机构，如海洋渔业部门、海洋渔业公司等，对在海上作业渔船实现实时监控和定位功能和遇险救助联络、渔业资源环境保护等服务，也可以为岸上的相关用户提供出海人员位置信息的服务，并能够通过短信息进行交流。

二、推进建设信息化渔业管理系统

将北斗导航系统应用于海洋渔业管理系统，为建设信息化的渔业管理系统提高了有效的科学手段，不仅能够通过北斗导航卫星对渔船从事捕捞生产、渔船防

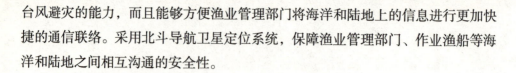

台风避灾的能力，而且能够方便渔业管理部门将海洋和陆地上的信息进行更加快捷的通信联络。采用北斗导航卫星定位系统，保障渔业管理部门、作业渔船等海洋和陆地之间相互沟通的安全性。

三、实现北斗导航产业和渔业的跨界融合

北斗导航是我国自主研发的，具备通信、导航、定位、授时功能的全球导航定位系统，由于北斗卫星导航系统具有鲜明的特色，满足了渔业生产与管理的要求，推动了海洋渔业的发展，实现海洋渔业的现代化和信息化管理。在北斗导航应用产业中，渔业应用占有十分重要的地位。目前，通过在海洋渔业等相关作业中采用北斗导航系统，不仅可以进一步加大对于其核心基础设备建设的需求，而且对于北斗卫星导航下游产品的开发也具有很好的推广作用。

第二节　北斗导航在海洋渔业领域的应用现状

我国海洋渔业具有渔业作业水域面积大、渔业船舶种类多、渔业生产作业人员多的特点，而且海洋渔业自身具有高风险和危害，这决定了我国的海洋渔业生产必须具备良好的通信手段和安全信息管理平台，从而保证渔船作业的管理水平和救援手段先进性。为了对渔业资源进行保护，农业部利用北斗导航卫星的定位、导航和通信以及其他通信卫星的功能，监测海洋渔业的利用现状，从而实现了对渔业安全生产工作的保障。更重要的是，我国通过在海洋渔业系统中推广使用北斗导航卫星，为海洋渔业作业的相关人员的生命和财产安全提供了巨大的保障。

根据统计，我国渔业作业渔船中，有6万多艘配置短波平台，17万艘采用超短波渔业用对讲机，近4.5万艘配备了北斗卫星导航终端设备，5.9万多艘配备AIS船载终端设备，11万艘配备CDMA移动通信设备。

第三节　北斗导航在海洋渔业领域的应用前景

基于北斗短报文和卫星导航服务，开发基于北斗导航定位系统的定位系统和短报文通信功能的服务平台，不仅可以提供海洋渔业监测、管理等业务管理，更重要的是提供信息服务，建设信息化海洋渔业。用于行业监管、信息服务和业务

管理的船舶监控系统，以及集成北斗导航、短报文通信和其他海上通信手段于一体的船载终端，建立海洋运营服务平台，除通过北斗提供短信和位置服务外，以汇集多个岸台接入基站的方式提供话音业务服务，进一步实现话音、图片、短信业务，为海员及渔民等渔船作业人员提供安全保障。在渔船方面，北斗导航定位系统除了利用船只监测系统和自动识别系统来跟踪和监视各种的船队情况，还被用于船队直接的基础通信、监测授权捕捞区域的情况。伴随着"一带一路"战略的发展，北斗导航定位系统在海洋渔业的应用领域范围将逐渐从渔船扩展到娱乐船只和商用船只。在休闲类导航经验中，驾驶员除了使用特定导航设备，还可以使用非专业的手持设备或者便携式导航仪器。

根据相关数据显示，我国的渔船数量为 28 万艘渔船，渔船用北斗卫星导航终端每台 1 万元人民币，潜在规模可达 28 亿元。2015 年我国北斗导航定位系统在海洋渔业的市场规模达到 5 亿，比 2014 年的市场规模相比增长的幅度达到25%。2016 年，其产业规模将达到 5.75 亿元，2020 年其产业规模将超过 7.25 亿元（见图 14-1）。

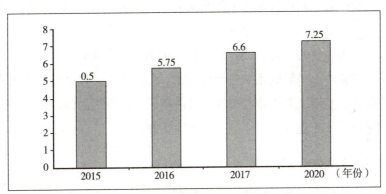

图14-1　2015—2020北斗导航海洋渔业领域市场规模预测（单位：亿元）

资料来源：赛迪智库，2016 年 3 月。

第十五章　交通运输

第一节　北斗导航在交通运输中的作用

导航卫星、互联网、物联网等多种技术的融合发展，极大促进了北斗导航产业在交通运输领域的应用。伴随着社会经济的快速发展，我国城市及道路交通网的规模不断扩大，客运车辆日益增多，客运交通的安全性与合理调度日益成为一个重要的社会问题。目前，北斗导航在交通领域应用的行业包括公路、铁路、航空与航空等四个分类市场。在公路交通行业中，卫星导航产业的应用包括前装/后装导航、用于导航的手机、PND以及行业市场中的车载导航监控等。在智慧交通建设中，将北斗卫星导航系统与通信技术、信息技术、控制技术和计算机进行进一步的融合，实现了对于智慧交通系统的使用者、使用的装备和装备的空间进行协调和通用，从而建立高效率的交通运输管理系统。

一、建设信息化的高效执法和管理行业

交通拥有路政、运政、港政、交通监察等行业管理和执法队伍，为车辆配备北斗系统终端，基于北斗卫星导航开发的智慧交通管理软件系统，建立交通执法车辆及人员监管平台，实现对执法车辆和人员的位置监控、通信联络、指挥调度、执法取证、数据共享等功能，提高交通执法的效率和行业监管水平。

二、提升解决交通异常情况的能力

基于交通执法车辆及人员监管平台扩充平台功能，实现移动目标监控、指挥调度（通过北斗用户机下发调度命令）、预测、预警等功能，通过对公路交通中的突发状况进行处理，提供交通应急指挥调度和救援服务。

三、提供多种丰富的出行服务指南

目前，伴随着智慧交通系统的建设，已经有了基于交通执法车辆及人员监管平台，例如在山东省已经建立了公众出行交通信息服务平台，通过研发使用北斗芯片的导航产品，嵌入实时出行路况为公众提供出行信息服务，向出行公众推广使用。

四、提供物流服务

在北斗导航卫星的交通行业中的应用，除了基于交通执法车辆及人员监管平台等信息化管理，还可以对公路交通中的物流进行管理，将公路交通中物流公共信息平台和信息化管理平台进行融合，建设物流调度系统、甩挂运输调度系统和应急物流指挥系统。

第二节　北斗导航在交通运输领域的应用现状

在交通领域中，北斗卫星导航通过采用地基增强系统和差分服务器等技术，已经可以实现亚米级导航定位。在北斗卫星导航系统中，通过采用建立地基增强系统基站对基站覆盖的区域范围内的定位终端进行增强，水平定位精度达到1米，同时利用高低频分解的差分修正预报方案，解决了差分系统误差修正的难题，实现了无延时的亚米级车道定位技术。四川省已经将北斗导航卫星应用在公交行业，通过使用卫星定位导航系统，实现公交车辆自动定位监控和智能化调度，车内情况的实时视频监控，对行车计划的执行情况、公共交通车辆的使用情况、人力资源管理情况等多方面的因素进行综合统计与分析，达到数据和业务信息的高效利用等功能，为公交运营管理的调度、指挥和及时提供保障运行的核心数据与监测信息，提高公交车辆的运行效率，降低公交企业运营成本，为城市公共交通系统的管理提供动态、及时、全面的公交信息。

第三节　北斗导航在交通运输领域的应用前景

未来，北斗导航系统可以被用在道路信息管理、道路堵塞治理、车辆监控和车辆自主导航等多个方面。在"十三五"时期，交通运输部将在重点运营车辆日常监管系统和道路货运车辆公共监管与服务平台等方面大力推广北斗卫星导航系统。据赛迪智库测算，我国目前的机动车总量达 2.17 亿辆，其中私家车达 7206 万辆，2015 年北斗导航产业在交通运输领域的应用规模为 650 亿元，按照增长幅度为 30% 计算，到 2016 年，我国北斗导航产业在交通运输领域的应用规模将超过 840 亿元，而在 2020 年，我国北斗导航卫星在交通领域市场的规模将超过 2000 亿元（见图 15-1）。

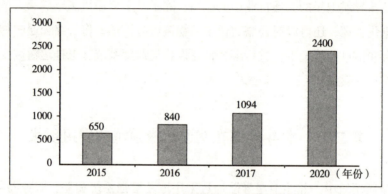

图15-1　2015—2020北斗导航交通运输领域市场规模预测（单位：亿元）

资料来源：赛迪智库，2016 年 3 月。

第十六章　电力、通信、金融

第一节　北斗导航在电力、通信、金融中的作用

北斗卫星导航系统具有定位、通信和授时的功能，将北斗授时功能加入到国家频率计量基准中，从而在能源、通信和金融行业等关系国家安全和国民经济建设领域提供时频保障。

全球卫星导航系统的定位精度取决于时间的精度，而时间的精度取决于导航卫星上的原子钟。GPS 导航卫星系统中原子钟的误差指标为 300 万年到 2000 万年之间相差仅为 1 秒。在中国北斗卫星导航系统上，国产原子钟也具有十分稳定的特征，其误差仅为十亿分之一秒。目前，北斗卫星导航系统的授时功能已经被用在金融、电力、通信等行业，通过导航卫星系统中的原子钟，对时间进行准确授时。

通过采用导航卫星系统对其全国范围内的电力行业进行授时，实现全国范围内的电路行业的时间同步特点，保证电流纵差保护、继电保护等对电路系统的保护功能，使得在电力系统的行业运用上以高精度的授时为依据，保证了电力系统的运营稳定性和可靠性。

在通信领域中，北斗卫星导航系统的作用不仅能够提供时间和空间的参考系，而且还能提供与位置相关的实时动态的定位、导航、授时信息。通过北斗导航的高精度授时功能，应用于通信行业中的语音业务和电路业务中的时间同步服务，不仅解决了电信行业中通信网络和用户通信设备之间的交换节点之间产生的误差，而且解决了移动通信软切换中时间不同步而导致邮件指令不匹配、通话连接不能建立等问题，保障了通信网络在运营过程中的同步性。

北斗卫星导航系统是我国完全自主的授时系统，将北斗授时的原子钟嵌入到金融交易系统的主机与各地分子机器中，可切实保证各地实时同步接收到各类金融讯息，保障实时交易的安全性。基于北斗系统建立安全高效运行的现代金融体系，可避免"金融黑客"蓄意干扰操纵 GPS 授时信号，防止危害国家经济安全。

第二节　北斗导航在电力、通信、金融领域的应用现状

我国已经实现了在电力行业中使用北斗导航定位系统，通过建立相关的管理系统平台，打破了美国的 GPS 全球定位系统对我国电力系统的垄断地位。该系统具有授时准确精度高的特点，其单向授时精度达到 100 纳秒，双向授时达到 20 纳秒，因此该系统解决了可靠的时钟源，全网时间同步管理，远程集中实时监测维护等电力系统时间同步应用中的三个难题，从而在技术层面上维护了国家的电力系统安全。

在我国的电信网络的频率同步网中，已经在一级基准设备、部分二级/三级/微型同步节点时钟设备上全部安装内置式接收模块和外置式等导航卫星接收机。这些导航卫星接收机终端的数量中仅有少量使用了北斗授时功能，大部分仍采用 GPS 接收设备。而卫星导航定位系统在我国电信网络中的时间同步网，主要是应用于中国移动、中国联通和中国电信的不同类型基站的高精度时间需要。目前，我国电信网络的基站类型包括 CDMA 基站、CDMA2000 基站和 WCDMA 基站、4G 和 TD-SCDMA 基站等。根据有关机构统计，目前 CDMA 基站中已经有 100 个北斗导航卫星接收终端，CDMA2000 基站和 WCDMA 基站中，暂时还没有北斗导航卫星接收设备；在 4G 和 TD-SCDMA 基站中，采用北斗/GPS 双模内置模块或者授时终端设备。通信网络中频率同步网和时间同步网中的北斗授时功能的应用规模还比较小，具有很大的发展空间，其应用市场需要积极的培育和推广。

第三节　北斗导航在电力、通信、金融领域的应用前景

目前，我国总基站突破 166 万个，随着 4G 的大规模部署，基站数将在短时间内激增（增量超过 100 万台）。赛迪智库测算，2015 年北斗导航卫星产业在通

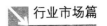

信行业的市场规模共计 80 亿元人民币，在 2016 年其产值将达到 120 亿元，到 2020 年，市场规模将接近 500 亿元（见图 16-1）。

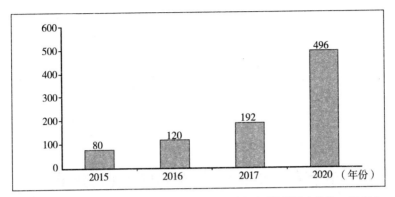

图16-1　2015—2020北斗导航在通信领域市场规模预测（单位：亿元）

资料来源：赛迪智库，2016 年 3 月。

第十七章　智慧城市

第一节　北斗导航在智慧城市中的作用

北斗系统是智慧城市基础设施的重要组成部分，智慧城市是信息时代的城市发展新形态。智慧，最明显的特征是信息交互，而时空信息又是其中最重要的信息。人们日常生活当中有80%—90%的各类信息都与位置和时间有关，北斗系统提供的定位导航和授时服务为智慧生活、智慧交通、智慧旅游提供所需要的地理信息和位置服务。

在智慧生活中，在卫星导航系统和地理信息系统支持下，可为城市用户在餐饮、休闲娱乐、公共交通、出租车、私家车等方面提供多元化的地理位置信息服务。比如利用装有北斗的智能终端可以对周边餐饮、住宿和娱乐等信息的搜索，还可获取各种不同种类交通信息，如自行车租赁点、停车场查询、出租车、公交汽车的位置定位服务等功能。用户还可获取实时出行信息，包括公交、地图、航班、铁路列车等信息的服务，及时了解公交和地铁拥挤度等级、航班信息、铁路列车信息等。

在居家养老服务中，可构建北斗居家养老服务导航系统，通过对老年人的居住位置到外出所在地点实现精确定位，大大缩短服务提供所需时间，尤其在突发事件上的处理时间。通过佩戴北斗导航手表，一旦出现老人不慎走失的情况，无须路人帮助，家属就可以收到手表自动发送的位置信息，第一时间将走失老人所在的位置通知家属。

在校车监控方面，通过在校车上安装北斗接收机，可实现对校车状态的实时查看，获得校车的位置信息、司机人员信息、交通路况信息、学生人数信息等。

校车管理人员可对司机超速、超载、疲劳驾驶等违法行为进行报警,保障校车安全,对其他车辆进行安全提示。家长也可掌握校车运行轨迹、到站时间等相关信息。

第二节　北斗导航在智慧城市领域的现状

基于北斗系统建立位置服务公共平台。以北京为例,北斗导航位置服务平台由政府引导、企业投资共同组建,包括运营服务与创新创业服务两大中心,面向大众提供安全定位服务的导航位置服务。实现了百万用户规模和服务 10 万用户并发在线,未来将根据北京市经济社会发展的重大需求,推出更多面向政府、企业和大众的导航与位置服务服务。

基于北斗系统建立智慧警务平台。智慧环卫是基于当前物联网、云计算、大数据等新一代信息技术,以全面提高环卫管理能力、居民满意水平、环境卫生质量为目的,以环卫业务的精益化、智慧化为核心内容,从本质上讲,智慧环卫是以创新科技和管理为动力,以智慧决策为根本,以提高环卫服务的附加值和居民生活质量为目标的新型业务形态。

从技术层面而言,智慧环卫需要综合运用互联网、物联网、大数据、云计算、3S 等众多智慧化技术,远不是 GPS、视频监控所能达到的要求。互联网技术是智慧环卫的根基,物联网技术是连接监管主体与客体的桥梁,大数据技术是智慧环卫的大脑,3S 技术是智慧环卫最佳展示窗口。从监管对象来看,智慧环卫监管精细到环卫管理的方方面面,以生活垃圾监管为例,从生活垃圾产生点、清运车辆、中转站到处置终端全流程条线式监管,精细到每个垃圾桶的收集次数、收集时间、剩余容量。可以说智慧环卫监管是全面立体式覆盖的,车辆位置和作业视频只是其中最基础的模块之一。就监管方式来看,智慧环卫涉及位置监管、可视化分布、视频在线、违规预警、实时调度、移动考核、报表生成等诸多应用,为环卫管理人员、监管考核人员、作业公司、市民等多个群体提供服务,不再仅仅局限于特定用户和特定方式。就发展前景而言,老旧的 GPS 定位、视频监控已经完全不能满足环卫管理的精细化需求,定位、监控这类浅层次建设于管理部门而言是资源浪费,满足于提供这类服务的企业也终将被市场淘汰。智慧环卫借助云平台最终对接智慧城市,是城市发展的必然趋势。

基于北斗系统建设智慧警务平台。通过将北斗定位系统和大数据、物联网、云计算、视频分享等技术融合，建立满足公安的实战需求警务平台。该平台可及时反馈公安人员和车辆的各种信息，对于公安机关掌握警力分布和人员位置以及警用车辆的位置、行驶轨迹、行驶速度具有明显的优势。

第三节　北斗导航在智慧城市中的前景

随着中国新型城镇化的逐渐发展，智慧城市建设中的各种行业，如智慧交通、智慧环卫、智慧社区、智慧环保、智慧医疗等领域的企业将获得巨大的发展空间和广阔的发展机遇。我国内地开始展开智慧城市建设规划的城市已经超过150个，占据全国超过八成的二级城市，在"十三五"期间我国智慧城市投资总规模将超过2万亿元。

北斗位置服务正在成为智慧城市建设中具有巨大发展潜力的市场，腾讯、百度、阿里巴巴、中国移动、中国联通、中国电信等都在开展基于位置服务的相关业务。赛迪智库测算，在2015年，北斗导航产业在位置服务领域的应用规模为13亿元，按照增长幅度为50%进行计算，在2016年，我国北斗导航产业在位置服务领域的应用规模将达到19.5亿元，而在2020年，我国北斗导航卫星在交通领域市场的规模将接近100亿元（见图17-1）。

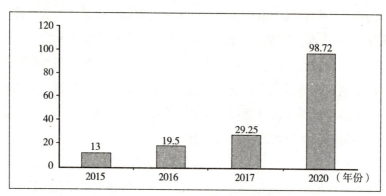

图17-1　2015—2020北斗导航在位置服务市场规模预测（单位：亿元）

资料来源：赛迪智库，2016年3月。

区域篇

第十八章　环渤海地区

第一节　整体发展态势

环渤海地区包括北京、天津、河北、辽宁和山东等省市，以京津冀为核心的经济区域拥有丰富的科技教育资源，也是我国交通网络最为密集的地区之一，给北斗卫星导航产业带来了很好的发展环境。环渤海地区的企业实力强劲，配套和科研能力强，是国内卫星导航产业芯片研发、终端制造的重要基地。2015年环渤海地区卫星导航与位置服务产业的产值达276亿元，较上年增长70亿，增幅34%，全国占比约为20%。

在北斗导航产业布局方面，北京作为环渤海地区产业群中心城市，在北斗导航方面一直处于国内的领先地位。北京充分利用自己科研实力雄厚，产业基础扎实的优势，率先开展北斗在各种领域的探索和创新，并积极出台各种推动北斗卫星导航事业发展的政策，打造各种创新与服务的公共平台，形成了国内北斗导航最为完备的北斗产业链。

随着京津冀一体化的不断发展，河北省也积极展开北斗产业的布局，利用环渤海地区的人才和企业优势，同时发挥自己紧邻京津的地理优势，投资建设北斗卫星导航产业园，吸引一大批北斗产业链上下游的企业入驻，同时也积极与京津地区的企业展开合作，开展北斗导航在城市建设、市政管理、造福民生等方面的应用，大力发展北斗产业。

第二节　重点省市

一、北京

（一）北斗导航企业实力不断提升

北京市汇聚了国内一大批优秀的北斗导航企业，如北京百度网讯科技有限公司、闪联信息技术工程中心有限公司、北京九五智驾信息技术股份有限公司、北京四通智能交通系统集成有限公司、中国移动通信集团公司、中国电信股份有限公司北京研究院、北京超图软件股份有限公司、和芯星通科技（北京）有限公司。2015 年，这些企业参与的 6 个项目获得国家科技进步二等奖。项目数量占国家科技进步奖的 3.2%。同时，北京在最关键的北斗核心技术方面也处于领先地位，北京市北斗企业和芯星通科技（北京）有限公司独立承担的"多系统多频率卫星导航定位关键技术及 SoC 芯片产业化应用"项目涉及我国北斗卫星导航系统核心技术，是首个入选国家科技奖的北斗芯片科技成果。

（二）出台政策推动北斗产业发展

在北斗导航政策方面，北京市在《北京市智慧社区建设指导标准》中提出，要把智慧社区的建设与物联网、云计算、北斗和移动互联网等技术结合起来，运用最新的技术来打造社区的基础设施，最新的建设方案中共有 632 个智慧社区待建，在文化教育、卫生计生、养老助残、生活服务等方面都将利用北斗提供导航定位等服务；北京市进一步完善了《北京"北斗"导航应用与产业化工作方案》，抓紧落实北斗应用在智能交通、精准农业、车载信息服务、现代物流、应急管理等方面的重点项目。二是进一步研究了应用示范项目的可行性，一批项目具备了启动条件。目前北斗公共商用运营服务平台、基于北斗导航的城市智能公交系统、基于北斗的精准农业示范项目、基于北斗的电子商务物流服务平台、北斗公共支撑运营服务及展示平台、基于北斗的出租车行业应用示范等六个项目已具备启动条件。

（三）大力推行北斗应用示范项目

北京市围绕城市精细管理、城市安全运行、便捷民生服务、高效产业提升等方面，开展一批北斗导航示范项目。具体有：

基于北斗的环卫保障车辆监控系统应用示范项目。建设基于北斗的环卫保障车辆车载监控系统，包括北斗车载终端、监控管理系统和通信系统。

基于北斗的出租车行业应用示范项目。整合北京现有出租车调度服务平台资源，在新更换的 38000 辆出租车安装北斗 /GPS 双模车载终端，构建基于物联网技术的统一的出租车调度服务平台，实现基于北斗的出租车位置信息的共享与综合应用。

基于北斗的智能公交应用示范项目。研制基于北斗的第二代公交终端设备，在全市 12000 辆公交车上安装北斗 /GPS 智能公交终端，接入智能公交管理平台，面向公众提供服务，方便公众快速、便捷获取公交信息，改善公共交通服务质量，提高公共交通对公众出行的保障能力。

基于北斗的农机高效作业和精确调度应用示范项目。构建面向农机服务组织和农机大户的作业和调度系统，在全市 2000 台农机上进行示范应用。

二、天津

（一）率先开展北斗系统的海事运用

天津市充分利用自己在港口海航方面的天然优势，通过北斗海事监测系统，助推北斗产业发展，使北斗导航产业成为天津市卫星产业的一股新的竞争力。监测中心建成后，主要是从事海上的监测工作，及时向海事部门、渔船、商船等用户通告系统运行状况信息，从而实现可靠的北斗卫星导航定位服务。同时也会有专家对海事监测系统的精度、运行状态、空间信号质量、服务性能等进行评估，以便进一步提高系统的性能。

作为北斗导航在海事应用的重要项目，北斗海事监测系统利用异构通信技术，通过在陆上架设数字化转接手段，把商船和渔船这两种不同通信制式设备的不同频率转接沟通起来，实现商船与渔船之间的直接通信。渔船无须增加成本更新设备就能享受到便捷的通信服务，还可通过系统转发实现手机用户与远离陆地的船舶间的便捷通信，打破了长期存在于海事部门、商船与渔船间的通信壁垒，为船只的安全航行提供了技术保障。

（二）区域北斗地基增强系统助推产业发展

2015 年，天津市北斗地基增强系统建设项目正式建成。该项目对天津市北斗产业发展的意义重大，使天津市北斗卫星定位服务精确到厘米级，基于北斗地基增强系统的三维测绘，可以取代传统的测绘方式，而又让测绘工作变得更加精准和便捷，实时监测市内区域的地面沉降，节约了3倍的时间成本；北斗地基增强系统与城市管线系统的结合，对城市管理也有重要作用，这套"智慧管网"系统，运用北斗卫星的精准定位功能，显示城市整体管网脉络，可以快速定位出问题的管网，提高检修效率；北斗地基增强系统与海洋基站的结合，可以实现水深技术的实时测量；北斗地基增强系统与农业基础设施的结合而产生的"智慧农业"，通过北斗卫星精准化的定位，实现自动化的灌溉，节省大量人力物力。未来将会有更多基础设施与地基增强系统的结合，进一步助推北斗卫星导航产业发展。

三、河北

（一）加快卫星导航示范应用建设，推进卫星导航产业快速发展

推进卫星导航应用示范城市建设。依托中电科卫星导航运营服务公司等位置服务平台，加快市政设施管理、大型商场人员位置服务、景区搜救等方面的应用试点建设，逐步建成综合、统一的位置服务平台体系，形成城市位置服务整体解决方案。同时开展交通运输方面，重点推进货运车辆、重点桥梁状态监测等方面的应用；农林水利方面，重点推进海洋渔业、精准农业、森林资源监测、森林防火、水文监测、防灾预警、水土保持监控、水利综合利用等方面的应用；环保气象方面，重点推进大气和水流质量监测、污染源治理、地质灾害监测、气象观测等方面的应用；文化旅游方面，重点推进野外文物监管、大型景区管理及散客自助游等方面的应用。推进卫星导航地面增强网络多模兼容改造，完善基础地理信息数据，加强电子地图建设，为高精度位置服务提供基础数据。

（二）聚焦北斗核心技术，发展自主高端制造

河北省将重点以研发和应用为目标，依托京津冀第三极的地位，大力发展北斗卫星导航的芯片研发和终端制造产业。河北北斗卫星导航产业规划的"三中心一基地"（卫星导航运营中心、测试认证中心、研发中心和卫星导航产品生产基地）已经落地，国家首个北斗卫星导航产品检测中心落户石家庄，有助于河北省开展北斗卫星导航产品的检测服务以及北斗导航的运营服务产业，加快河北省北斗产业链的完善。

第十九章　长三角地区

第一节　整体发展态势

长三角地区包括上海、江苏和浙江等省市，是我国第一大经济区，也是我国重要的制造基地，商品经济发达，长三角地区是我国互联网基础发展较早的地区，汇聚了国内优秀的互联网企业。长三角地区充分利用自己互联网基础好的优势，在北斗卫星导航区域运营、服务环节布局，搭建各种促进北斗产业发展的平台，同时也在不断挖掘"互联网＋北斗"的新模式，研制出了多种利用北斗导航与位置信息在民用领域的运用，如可穿戴设备等，北斗产业发展潜力巨大。2015年长三角地区卫星导航与位置服务产业的产值达162.14亿元，较上年增长41.1亿元，增幅34%，全国占比约为12.3%。

第二节　重点省市

一、上海

（一）北斗产业布局基本完成，卫星导航事业稳步增长

上海市北斗卫星导航产业布局已经初步完成。已建成基于北斗导航应用的重点车辆监控、大众位置服务、社区矫正监管、智能公交航运、高精度服务、Wi-Fi室内定位六大系统。上海市的北斗卫星导航产业在全国范围内起步较早，拥有北斗卫星导航相关产业近百家，上海司南卫星导航技术股份有限公司、上海华测导航技术股份有限公司作为上海市北斗地基增强系统的主要建设公司，占据了上海北斗地基增强系统70%的份额。上海市北斗导航产业链基本建成通过发

挥企业在模块研发制造和运营服务方面的优势，不断探索北斗卫星导航在各个方面的应用，并同互联网、大众消费等结合起来，有重点地推动长三角地区北斗卫星导航应用的产业化。

（二）支持企业打造服务平台，建设北斗产业体系

阿里巴巴和中国兵器工业集团出资成立的千寻位置网络公司在上海挂牌，注册资本 20 亿元，迈出了中国北斗导航领域发展的重要一步。公司以"互联网 + 位置（北斗）"为理念，通过北斗地基一张网的整合与建设，构建位置服务云平台，成为面向社会提供精准定位服务的平台型公司，目标是打造成为具有全球竞争力的新兴产业集团。

上海积极支持卫星导航产业关键技术攻关，推进示范项目，不断推动导航与位置服务平台建设、检测检定中心建设和产业基地建设。目前已经建成重点实验室、智能公交应用、产品质量监督检验中心等三大北斗卫星导航公共平台。2015年北斗终端应用数量达到 8 万台，在全国北斗导航应用处于领先地位。下一步，上海市将重点打造北斗导航功能型平台，将平台与智慧城市相结合，推动上海北斗产业实现跨越式发展。

二、江苏

（一）大力推行北斗应用示范工程，挖掘北斗民用市场潜力

江苏北斗综合应用示范工程正式转入实施阶段。江苏省北斗综合应用示范工程将紧扣江苏特色和智慧城市建设，以应用基础好且产业带动力强的智慧城市为切入点，建设智能交通诱导系统、北斗差分定位驾考与驾培系统、基于北斗的机械远程控制和作业管理系统、精细工业物流管理系统、校园安全智能服务系统、城市综合管理应用示范等 6 个重点应用示范工程，到 2016 年，江苏全省将依托南京北斗产业基地内的北斗应用平台和企业，形成 10 万台北斗终端的市场应用规模。

同时南京方面也积极挖掘北斗在民用市场方面的潜力。南京高新区的北斗产业基地孵化的江苏艾倍科科技股份有限公司推出的"北斗天使"儿童定位手表销量超过 2 万只。艾倍科基于北斗卫星导航系统研发的"北斗天使"定位手表，采用北斗 /GPS/ 基站三模定位，同时兼容北斗与 GPS 信号，达到 1+1>2 的效果。家长只要在手机上下载 APP，就可以实时对孩子进行准确定位。

南京北斗润洋电子科技有限公司开发的"救生宝"——北斗救生定位自亮浮灯，是一种海上搜救设备，兼容 GPS 定位系统和沿海基站接收位置信息，一旦有船只在海上遇到危险，只要通过北斗发送短信，最近的其他船只就能接收到"救生宝"发出的信号，看到失事船只的详细经纬度信息。

南京多伦科技股份有限公司的北斗智能驾考系统，车辆定位精度将达到厘米级，可以更稳定而准确地传达驾考过程中的数据和信息，实时提供 4 个车轮的绝对位置。相对以往将整个车辆看作一个点的系统来说，精度大大提高。

（二）产业基地聚合初具规模，发展北斗全产业链

以南京市为例，南京高新区北斗导航产业基地规划面积 1500 亩，建立北斗芯片及应用软件研发中心、卫星导航产品检测认证中心、卫星导航产品展示中心、卫星导航产品工程技术研究中心和运营服务中心等。目前，南京北斗产业基地已入驻相关企业 100 多家。下一步，南京北斗产业基地还将建设卫星通信云数据中心，打造地理信息、气象等云数据中心等，目前南京北斗产业基地的聚合作用已经初具规模。

为加快完善北斗产业链，南京市北斗基地积极打造了卫星通信产业链众创平台——"星客汇"，不断引进芯片研制、功能模块、元器件制造、终端机生产等北斗产业链上游相关企业；同时也有研发、检测、认证和运营服务为主要功能的北斗产业链下游企业来促进园区和整个南京的北斗全产业链的发展。

三、浙江

（一）出台支持北斗产业发展政策，促进北斗行业快速发展

浙江省制定《浙江省"互联网+"行动计划》，通过北斗卫星导航与行业发展的深度融合，基本实现交通、健康、教育、文化等益民服务领域信息化管理和网络化运行。以智慧城市建设为切入点，加快推进北斗产业发展，并提出要打造北斗完整产业链，导航系统、芯片、遥感应用、电子地图以及数字城市平台建设等，形成涵盖装备制造、软件研发、系统集成和信息获取、处理、应用、服务的完整产业链，打造北斗卫星导航产业大省。

（二）建立北斗综合应用平台助推产业发展

2015 年，浙江省完成以北斗地基增强系统、北斗产业综合应用示范为代表的重点工程，优先推进以保障海洋经济发展、城市公共安全管理为重点的一批政府应用工程。6月，浙江省北斗产业联盟正式成立，并组建浙江北斗平台公司，以杭州高新技术产业基地、"浙江省地理信息产业园"为支撑开展浙江北斗位置信息综合服务，打造国家北斗导航应用（浙江）产业基地。

推进"智慧港"建设。建设宁波舟山港信息一体化工程，运用北斗卫星导航地位技术，加强港口船舶智能化管理，增加北斗导航的终端数量，实现船只、货物的实时监控，开发建设一体化指挥平台，方便港口信息的互联互通。

第二十章　珠三角地区

第一节　整体发展态势

广州、深圳、中山等为珠三角地区的代表。近年来，广东省电子信息产业发展保持快速增长态势，到目前为止、拥有 1 个国家级集成电路设计产业化基地、2 个国家级电子信息产业基地、3 个国家级电子信息产业园、2 个国家级软件产业基地和 2 个软件出口基地，信息类国家级基地数量居全国首位，形成了产业上下游配套紧密，大中小企业发展协调，产业链整体提升的新格局。2015 年，全省电子信息制造业实现销售产值 2.97 万亿元，同比增长 8.1%，连续 24 年居全国第一；软件和信息服务业实现业务收入 6021.1 亿元，同比增长 22.7%，保持全国领先地位。

珠三角地区卫星导航产业经过十多年的发展，已形成明显的产业集聚效应，全国 60% 以上的民用车载卫星导航仪都出自珠三角，是终端集成和系统集成环节的最主要区域。同时，珠三角卫星导航相关企业数量全国第一，是国内 GNSS 产业配套能力最强、应用市场最成熟的地区。在北斗导航产业发展方面，珠三角地区广泛开展国家卫星导航应用示范系统工程,推广北斗产业发展,在测绘、航运、物流、机械控制等重点行业和关键领域全面应用北斗导航技术，并努力实现广东省卫星导航企业完成向北斗或以北斗为主导的双模格局转型的发展目标。此外，珠三角地区北斗概念上市公司也有好几家，如中海达、海格通信、深赛格、同洲电子等，是北京以外上市公司最多的地区，获得重大专项支持的非上市公司南方测绘也在广州。2015 年长珠三角地区卫星导航与位置服务产业的产值达 406.2 亿元，较上年增长 103.4 亿元，增幅 34.2%，全国占比约为 30.1%。

第二节　重点城市

一、广州

（一）北斗导航产业集聚效应初步显现

广州在卫星导航产业上具有较强的产业基础。在产业链环节上，广州市分别在产品研发制造、系统集成运营、应用服务等方面拥有一批重点企业，如：广州海格通信集团股份有限公司、中国电子集团七所、广州南方测绘仪器有限公司、广东伽利略卫星导航股份有限公司等。依托北斗卫星导航产业（广州）基地，发挥广州地区区位、资金、机制等方面的产业优势，以及广州地区丰富的智力资源，形成集芯片、终端、关键元器件等先进制造业和运营服务业为一体的产业集聚。

（二）北斗导航规模化应用具有一定基础

广州市政府高度重视发展新一代空间信息、高端电子信息等战略性新兴产业，明确提出支持北斗等"新一代空间信息"产业发展，将其纳入战略性新兴产业发展专项资金中的高端新型电子信息产业扶持申报范围，每年安排一定的专项资金支持北斗等战略性新兴产业。目前，第二代卫星导航系统重大专项——珠三角卫星导航应用示范系统是全国在广州的第一个示范工程，率先在北斗导航公共运营服务平台、行业应用（车辆管理）、城市应用（北斗城市建设）及相关技术和软硬件研发领域开展了实践探索，为广州市引入国家卫星导航系统资源创造了条件，为北斗规模化应用打下了较好的基础。

二、深圳

深圳市在北斗运营和系统集成拥有先天的优势和条件。龙头企业带动一批具有创新能力和特色服务的中小企业，车载导航、智能手机、平板电脑等北斗产品的集散有效地推动系统集成的发展，初步形成深圳系统集成服务业为核心的集聚区。依靠深圳市北斗卫星导航系统应用产业化联盟，进一步促进深圳北斗卫星导航产业基地的发展，拓展北斗系统的运营与维护服务，提升深圳市承接北斗系统集成与运维外包的能力。

深圳不断扩大北斗核心技术研发投入。研究卫星导航芯片、兼容多模多频高精度天线模组、高性能导航基带、射频芯片、精确定位、高动态定位、应用集成等核心技术。研制北斗地基增强、北斗位置服务与管理等地面系统。开发各类移动（星载、机载、车载、便携）导航终端设备，以及导航地图、深度信息点、动态交通信息等基础数据产品，形成智能终端和授时同步产品等集成应用系统解决方案。推进北斗导航在移动终端、位置服务、环境监测、应急救援、气象服务、精确授时等领域的应用。

三、中山

中山初步建成具有集聚创新优势、产业配套齐全的北斗物联网产业基地。在现有中山航天北斗物联网产业基地孵化器基础上，建设北斗物联网孵化中心，与14家北斗物联网产业链优势企业携手组成"航天飞邻产业联盟"，大力发展北斗技术的研发，提供产业技术支撑。大力推广含有北斗位置信息的可携带产品、公车产品、效能执法产品，不断加快培育和发展交通运输、防灾减灾、应急救援等重要领域的北斗应用。争取将基地建设为企业总部聚集地，规划形成产业基地的主导发展区，重点引进包括中国卫星、亿阳信通、鹏博士、埃彼咨（APC）管道技术、广东北斗平台、中山五心智能等项目进驻。

第二十一章　西部地区

第一节　整体发展态势

以四川、陕西、重庆为代表的西部地区，是我国航空航天领域重要的制造和研发基地，西部地区利用其在卫星以及火箭方面的技术优势，进一步推动其北斗卫星制造方面的发展，崛起了一批北斗卫星零部件制造企业，形成了以卫星零部件制造为主的产业格局。

西部地区是我国地理环境比较特殊的地区，在北斗卫星导航产业方面，西部地区因地制宜地开展应急、防灾、减灾、地质监测等特殊领域的运用，不断探索北斗卫星导航在新领域的运用。西部地区也是我国重要的国防工业基地，有着开展北斗卫星导航产业的先天优势，技术基础十分坚实，拥有相关卫星导航企事业单位 800 多家，在北斗导航产业链各环节均有若干优势企业，如振芯科技、九洲电器、长虹电子等。2015 年，西部地区卫星导航与位置服务产业的产值达 123.28 亿元，较上年增长 32.2 亿元，增幅 33%，全国占比约为 9.2%。

第二节　重点省市

一、陕西

（一）北斗产业技术创新战略联盟助力北斗产业发展

2015 年，由陕西电子工业研究院和陕西北斗金控信息服务有限公司牵头，陕西省科技厅、工信厅和行业用户、科研院所、高校及企业，共计 32 家部门参加的陕西北斗产业技术创新战略联盟正式成立。陕西北斗产业技术创新战略联盟，一方面将着力促进陕西省北斗产业资源整合，带动北斗产业在技术研发、应用开发、商业模式创新、市场化推广方面更好更快地发展。另一方面，通过联盟内企业横向与纵向一体化的协同、交流与合作，通过资源共享，互联互通，大力提升陕西北斗产业从"核心元器件／基础软件—模块终端—系统集成—应用服务"的全产业链整合能力。

（二）推动北斗应用示范工程建设

2015年，国内首个省级北斗警车监管项目——"陕西省公安系统警务用车卫星定位管理系统项目"竣工，该项目为陕西公安机关各类警务用车累计安装北斗定位车载终端超过一万台，并荣获2015年度卫星导航定位科学技术进步奖三等奖。该系统平台利用空间地理信息技术，以电子地图为基础，以信息共享和综合利用为目标，将各类警务信息、车辆信息空间化、可视化，实现公安基础信息与空间电子地图的可视化，实现公安基础信息基于空间电子地图的可视化查询和分析，满足警用地理信息（PGIS）、公安指挥调度系统对车辆管理信息及准确定位数据的需求。今后，陕西省各级公安机关都可通过该系统对警车进行监控、调派，促进车辆管理使用的规范化、制度化，提高警用车辆使用和应急办案的效率。

二、重庆

重庆市勘测院开展北斗卫星地基增强关键技术的研究，成功探索出提高北斗卫星导航系统定位精度的技术路线。借助北斗卫星地基增强系统，通过移动测量系统的数据采集装备，可以快速获取地面实景影像和三维点云数据，然后再通过接收和处理卫星信号来提高定位精度。目前借助地基增强系统之后的北斗定位精度可提高至毫米级。

重庆建成基于北斗系统的重大基础设施安全监测云平台。该平台可以提供基础设施的安全监测、在线评估、实时预警预报等服务，并及时向政府相关部门、监测单位和社会公众等提供动态监测信息，便于更好地掌握基础设施的安全状况。目前已在石门大桥、重庆国际博览中心、轨道交通3号线等重点工程中得到应用，并取得了较好的效果。

三、四川

（一）出台专项政策措施促进导航产品市场化应用

四川下发的《关于促进地理信息产业发展的意见》提出，要大力发展北斗卫星导航定位与位置服务。完善现代测绘基准基础设施，推进北斗卫星导航的社会化应用，以国家统一多模连续运行基准网站为基础，建成我省卫星导航与位置服务基础平台，提升卫星定位系统综合服务能力。大力开发基于北斗卫星导航定位及位置服务的软件平台和网络地图等相关产品，增强位置服务能力。推动北斗导航定位及位置服务与通信网、互联网、物联网融合发展，促进北斗导航与位置服务在智慧旅游、智能交通、物流监控、电子商务等涉及民生领域的广泛应用，培育地理信息消费市场。

（二）建设西部位置信息数据中心

中国位置网服务联盟西部数据中心依托四川省测绘地理信息局建设，在已建成运行的四川省北斗地基增强系统基础上，进一步融合周边省市基准站网而形成。该数据中心将提供跨地区、跨部门导航与位置服务，可将北斗应用与大数据、信息服务业结合起来，带动北斗在更多行业的应用，促进北斗卫星导航系统的应用和产业化。

（三）开展特殊领域北斗应用示范工作

因为四川地理环境的特殊性，有很多风景优美但又十分危险的地方吸引了来自全国各地的游客。四川省旅游协会、成都市旅游局正式全面启动北斗户外应急救援项目，游客在旅游线路沿途即可方便租用"北斗"设备，旅途中一旦出现突发意外，在手机信号不通的状况下，也可以实现报警，通过北斗的卫星定位技术，救援方可迅速掌握被困游客的具体位置，方便救援。

第二十二章　华中地区

第一节　整体发展态势

以湖北、河南、湖南为代表的华中地区是我国的人口密集区域和重要交通枢纽，华中地区在地理信息和测绘领域拥有坚实的基础。武汉大学、郑州大学、解放军信息工程大学、国防科技大学在卫星定位导航领域都有强大的科研团队，河南北斗云谷、湖北北斗光谷等企业针对北斗卫星导航产业积极展开布局，围绕遥感、智慧城市、卫星地面接收站等领域开展工作，加速构建北斗产业化体系。2015年，华中地区卫星导航与位置服务产业的产值达182.2亿元，较上年增长46.2亿元，增幅34%，全国占比约为13.1%。

第二节　重点省份

一、湖北

（一）出台政策规划助力北斗产业应用发展

湖北省出台的《北斗卫星导航应用产业发展行动方案》（2015—2020年）指出，要在北斗导航基础设施，北斗芯片及其应用终端产业化，推进北斗产业与信息化建设深度融合几个方面加强工作，依托自主研发的核心软、硬件技术，2016年建成由91个基准站、1个主控中心和3个分中心构成，覆盖全省及周边地区的北斗地基增强基准站网，为高精度导航和专业定位应用提供实时动态位置服务。推动北斗芯片、模块、终端在行业领域和大众市场的广泛应用，使芯片设计与终端制造互促互动、协同发展。大力开展面向手机、平板电脑市场的终端设备授权业务和终端制造。到 2020 年，成为各类北斗车船载导航定位监控终端、可穿戴定位监控终端、便携式手持导航定位监控终端、北斗精密授时和时间同步终端设备的现代智能制造业生产基地。

（二）打造湖北省位置服务中心

湖北省北斗导航与位置服务中心的第一个分中心正式落户襄阳。分中心将负责管辖襄阳、十堰、神农架林区、随州市的基准站维护与运营，辐射范围覆盖整个鄂西北地区。 襄阳市测绘研究院将加快建立产业发展支撑体系，制定分中心相关管理制度、及时开展专业技术培训，加强北斗卫星导航基础资源建设，适时启动襄阳及十堰、神农架林区、随州市等周边地区基准参考站升级改造，提升北斗导航、定位、信息服务水平，努力打造鄂西北北斗产业发展生态圈。

襄阳市测绘研究院在湖北省首次将北斗导航技术应用于精细化农业生产，在襄州区双丰收农机合作社成功运用北斗导航定位技术进行土地平整，实现了全天候、高精度、实时的土地平整作业方式，解决了传统土地平整作业中效率与精度无法兼顾的情况。在北斗技术成功运用精准农业的基础上，襄阳市测绘研究院将积极对市区及周边北斗基准站进行升级，并利用可提供实时精密定位服务的北斗地基增强系统，与地理信息技术相结合搭建北斗应用平台，重点开展城市配送、水利防汛抗旱调度指挥、现代农业和民生关爱等四个领域的应用示范建设。

（三）加快芯片研发步伐，把握北斗发展机遇

发挥北斗芯片核心企业集聚效应，营造环境，吸引国内外高科技人才。加强基于北斗位置的 SoC 芯片性能、功耗、工艺等方面的技术创新，推动北斗核心技术不断升级。2015 年到 2016 年，推广应用启梦 TM 芯片（基带射频一体化芯片），重点开发时空信息芯片，带动生产系统板卡、智能位置终端等产品；2016 年到 2017 年，重点开发、应用北斗通信可穿戴 SoC 芯片，带动生产系统板卡、车载导航安全终端等产品；2017 年到 2019 年，开发应用智能汽车 SoC 芯片，带动智能汽车、无人机的中枢控制系统等产品研制。到 2020 年，成为面向物联网、车联网市场的高集成度 SoC 芯片的重要生产供应基地。

二、河南

（一）积极出台北斗政策，推动北斗产业高速发展

河南省政府出台了《河南省北斗导航产业三年（2015—2017）发展行动计划》，推动自主卫星导航技术在河南的应用推广，促进北斗导航应用产业健康发展。北斗系统在河南的交通运输、水利、国土、农业等领域得到广泛应用。目前，河南已建立了综合保税区、出口加工区、国家跨境贸易电子商务试点和180个产业集聚区，正在大力推进郑州航空港经济综合实验区建设，为产业承接、企业落地提供了强力支撑。北斗（河南）位置信息综合服务平台、河南北斗技术应用协同创新中心建设、河南北斗产业基地建设等北斗平台也在不断展开。2015年，河南省北斗导航产业实现产值30亿元。据估计，到2017年，河南省北斗导航产业产值目标突破200亿元，带动相关产业规模超过500亿元。

（二）搭建河南北斗信息服务平台，着力打造北斗品牌

河南北斗服务平台项目，由河南北斗卫星导航平台有限公司和解放军信息工程大学共同建设，是我国迄今为止建设精度最高、施工建设最规范、覆盖范围最广、服务人口最多的高精度北斗信息综合服务平台。目前，已在河南全省18个地市布置了63座卫星导航定位基准站点，实现分米级服务全覆盖。下一步河南北斗卫星导航平台有限公司将在交通、水利、农业、警务四个领域开展全省范围的试点应用。

三、湖南

（一）出台北斗产业政策，探索北斗创新应用

湖南省出台了《湖南省贯彻〈中国制造2025〉建设制造强省五年行动计划（2016—2020年）》，要着力搭建北斗的数据交换平台，北斗公共服务平台和北斗的协同创新平台。加快升级改造湖南省卫星定位连续运行基准系统，全面兼容北斗导航地位系统，实现全省县级以上城市无缝定位骨干网络的全覆盖。依托基础地理和地名地址信息资源，建设覆盖全省的导航电子地图数据库，并持续联动更新。

（二）建设北斗数据平台，完成北斗产业布局

国家北斗导航位置服务数据中心湖南分中心正式建成。作为国家北斗导航数据中心体系的重要组成部分，项目的实施致力于构建卫星导航与位置服务数据资源融合共享平台，将在促进北斗导航系统应用、完善自主导航与位置服务产业链、形成可控的导航与位置服务能力、提升我国导航与位置服务产业的核心竞争力、带动区域性经济社会发展等方面发挥重要作用。建设北斗导航数据中心及永州北斗产业孵化园，打造"一个数据中心，两项基础设施建设，多项行业应用推广"的"1+2+N"北斗产业发展格局。中心计划将面向湖南全省及周边用户提供北斗导航综合位置服务，推动北斗导航在智慧城市、智慧医疗、城市应急、车联网等领域的应用，推动产业发展要素在永州北斗产业园的聚焦，快速形成高新技术产业集群。

企业篇

第二十三章 广州海格通信集团股份有限公司

第一节 企业基本情况

广州海格通信集团股份有限公司（以下称"海格通信"）是国家规划布局内重点软件企业、国家火炬计划重点高新技术企业、广东省北斗卫星导航产业联盟执行主席单位，2010年8月实现A股挂牌上市。海格通信现拥有怡创科技、摩诘创新、嵘兴实业、海华电子、海格承联、海通天线、爱尔达、通导信息、海格神舟、南方海岸、润芯信息、寰坤通信、长沙海格、海格云熙、海格资产、海格机械、经纬信息、海格北斗等18家全资、控股子公司，地域覆盖广州、北京、深圳、西安、南京、成都、杭州等地区，拥有国家级企业技术中心及博士后科研工作站分部。

海格通信秉承国营第七五〇厂近60年的无线通信、导航产业历史，2000年注册成为具有独立法人资格的有限公司，经过十余年的快速稳健发展，海格通信主要技术领域现已扩展到包括无线通信、卫星通信、雷达电子、导航定位、频谱管理、芯片设计、信息服务等方面，涵盖整机设备及系统集成服务，是我国军用通信、导航及信息化领域最大的整机和系统供应商之一，也是行业内最具竞争力的重点军工电子企业之一。

第二节 主营业务情况

海格通信是北斗产业军民两用产品综合生产公司，主要技术领域包括无线通信、卫星通信、导航定位、数字集群、雷达电子、模拟仿真、海事安全、频谱管理、芯片设计、软件评测、民航电子、信息服务，涵盖整机设备及系统集成服务，是我国军用通信、导航及信息化领域最大的整机和系统供应商之一。针对北斗系统应用发展趋势，海格通信加大资源投入，依托行业积累和资本优势，通过并购、合作等方式不断扩大产业布局空间，致力于打造"芯片→模块→天线→整机→系统→运营服务"的北斗全产业链发展模式。

一、芯片

RX3901 多模多频双通道高精度射频芯片，是一款高度集成的多模多频段双通道高精度射频芯片，通道 1 支持 1.1—1.3GHz 频段的卫星信号，通道 2 支持 1.5—1.7GHz 频段的卫星信号，非常适合应用于高精度测量型接收机中。

RX3007F 北斗 B1 + GPS L1 双模双通道高精度射频芯片，是一款支持 BD2 B1 和 GPS L1 双通道同时工作的高集成度的射频芯片，可为用户提供高性能低功耗的 B1/L1 射频单芯片解决方案。主要应用于车载导航终端、Pad、手机等手持设备、船舶导航定位、个人定位终端。

二、模块

RXM605 北斗 RDSS 模块，采用邮票孔的表贴封装，集成了 RDSS 收发射频芯片，基带芯片，PA 电路 (5W 或 2W) 及 LNA 电路，可通过外接 SIM 卡及无源天线即可实现北斗一号的短报文通信功能和定位导航功能。

RXM607 北斗 RDSS 四合一模块，采用邮票孔的表贴封装，集成了 RDSS 收发射频芯片，基带芯片，PA 电路 5W 及 LNA 电路，可通过外接 SIM 卡及无源天线即可实现北斗一号的短报文通信功能和定位导航功能。

三、天线

北斗 HT–03 型双频天线，用于接收 B1 和 GPS–L1 频点信号的便携式用户设备。北斗 HT–04 型天线，用于接收 RDSS–S 频点、发射 RDSS–L 频点信号的分体式用户设备。北斗 HT–07 型兼容机天线，用于接收北斗一代 S–S 频点和 GPS–L1 信号、发射北斗一代 –L 频点信号的用户设备。北斗 HTCBBL–055 天线，覆盖北斗 B1 和 GPS–L1 频段，具有小尺寸、低功率、高性能的优势，可广泛应用于便携式移动多模导航设备。

四、整机

北斗双模手持型用户机，能够同时接收北斗 RNSS 和 RDSS 信号，进行全球、全天候、全自动连续定位，并能提供报文通信、授时、地图导航等服务。北斗一体式用户机、指挥机，满足集群指挥需求，融合多种导航定位手段，提供全天候的位置、时间信息，弱信号跟踪能力强，兼容性与模块化设计，可与一代定位系统混合编配使用。北斗车载导航仪，由导航仪主机平板计算机、支架和导航软件等组成。平板计算机由触摸屏、CPU 处理模块、8G 电子盘、WINCE 操作系统组成，可配合北斗行驶记录仪使用，具有短信通信功能，通过获取行驶记录仪的卫星定位数据，以图像的方式显示在导航电子地图上，具有语音提示功能。北斗 /GPS 行驶记录仪，支持 GPS、北斗定位和双模三种定位模式，采用一体化设计，具有 BD 和 GPS 导航定位功能，以及短信通信和位置报告功能。主要应用于各种运输车辆、乘用车辆等。北斗车载监控终端，可用于各种车辆的监控管理。整机设备符合卫星定位汽车行驶记录仪有关的技术标准或规范，抗高温和湿热，具备良好的电磁兼容性、灵活可配置的功耗或规范，抗高温和湿热，具备良好的电磁兼容性、灵活可配置的功耗模式,在可用性、可靠性和安全性方面做了专门的优化设计。北斗车载双模型用户机，能接收 BD 和 GPS 导航信号，可实现多种模式下的连续实时定位、测速和导航功能，具有短报文通信和位置报告的功能。可用于各种车载的导航定位，以及各用户之间进行报文通信及授时。北斗 /GPS 船舶通关终端，由主机及配套电缆组成，是为海上渔船量身定做的小型化北斗 +GPS 定位及北斗 RDSS 通信终端，可同时提供北斗 /GPS 定位数据，进行全球、全天候、全自动连续定位，并可使用北斗 RDSS 的通信功能，完成与上级指挥机或监控中心的数据交流沟通，方便渔船船队作业与遥控指挥。

五、系统

（一）导航软件

导航软件是基于 WCE、android 系统应用的车载导航软件；采用信息储存与显示缓存、路径快速规划算法、快速地图显示与存储、智能检索存储等技术，具有占用内存低、显示速度快、双模定位、易定制开发等特点。嵌入式导航引擎包含如下模块：数据模块、导航规划算法、地图压缩算法、图形模块、搜索模块、引导算法、矢量显示引擎、界面层模块，主要实现信息检索、地图显示、引导提示、规划导航功能。主要应用范围包括专业汽车厂商前装导航、车载机器厂商（后装）、烟草配送导航系统、消防应急导航、旅游景区导览、物流配送导航。

（二）营运车辆管理系统

营运车辆监管系统针对营运行业实际业务的需要和特点，利用卫星定位技术、移动无线通信技术、地理信息技术、网络传输技术、图像压缩传输技术等高新技术，实现对营运车辆的动态位置信息、车辆状态信息、违规行使现象等多种信息的采集，对车辆超速、超载、驾驶员疲劳驾驶和非核准驾驶人员驾驶等情况进行监管，从而加强对车辆和驾驶员的管理，提高车辆运行的安全性和企业处理突发车辆油耗情况；同时可对车辆加油的时间和地点的有效管理。营运车辆监管系统适用于"两客一危"车辆、物流运输车、公交车及其他企业车队。

六、运营服务

（一）智慧城市解决方案

随着智慧城市建设规模的不断扩大，整体性的设计和指引也越来越有必要。针对城市各项问题，海格通信提供全面的智慧城市顶层规划服务，对智慧城市发展战略做出整体规划。智慧城市一般分为政务、民生、产业三个领域，城市管理、城市一卡通、智慧医疗、智能交通、智慧社区、智慧校园、远程教育、环境监控、智慧景区、虚拟城市、应急指挥、平安城市等，依据各城市规划的不同，辐射的行业和产业也有不同，但最终可汇聚为一张全景图。

（二）北斗综合指挥调度解决方案

北斗远程指挥调度系统基于北斗短报文通信功能，结合短波、超短波等无线通信手段，实现全天候、立体监控，提供远程指挥调度功能，有效应对突发遇险事件，保障户外作业人员及运输工具安全，实现在"无电力、无准备、无依托"恶劣条件下的应急通信。系统主要包括：指挥调度系统、遇险救生通信子系统、卫星遇险救生通信子系统、短波遇险救生通信子系统、超短波遇险救生通信子系统、险情处理及分发子系统和监控管理子系统等。

第三节　经营战略

海格通信凭借创新体制平台、建立以市场为导向,以用户需求为中心的市场营销体系,坚持技术与市场融合的科技创新战略,为用户提供高品质产品和优质服务,始终坚持"三不妥协"(安全不可妥协,品质不可妥协,正当经营不可妥协)经营原则,服务社会,回馈社会。

海格通信以"全球的视野,将海格通信建设成为电子信息领域军民融合、规模发展的高科技创新型企业"为战略目标,按照"四个坚持"的发展思路,即"坚持军民融合,坚持自主创新,坚持资本运作,坚持体制机制创新",以"打造若干个具有行业竞争力的业务板块"为目标,构筑重点产业板块的竞争力优势。在北斗卫星导航领域,以北斗导航产业园启用为契机,成立北斗产业集团,促进集团内各单位北斗业务的融合和协同,实现北斗板块的规模化发展。

第二十四章　武汉光谷北斗控股集团有限公司

第一节　企业基本情况

武汉光谷北斗控股集团有限公司（以下称"光谷北斗"）是唯一的国家级地球空间信息产业对外开展科技输出和科技援助的平台，以"北斗卫星导航及地球空间产业"为经营定位，向客户提供北斗卫星导航及地球空间产业全面解决方案。光谷北斗的主体经营范围：高新技术产品开发研究和技术服务，卫星导航基础设施建设，商业卫星配套产品运营，商业地产投资及经营，产业和股权投资。集团注册资金2亿元人民币，旗下有8家子公司，其中泰国2家、武汉4家、黄石2家。

光谷北斗以"北斗行业应用总承包为核心业务、北斗产品制造为成长业务、商业卫星营运为战略业务"的三大业务板块，致力于将北斗技术与应用在东盟地区推广普及，同时大力开拓国内市场应用，具有硕、博士学位及中高级技术职称员工比例近80%。

目前，光谷北斗在东盟、国内的优势及市场需求日益凸显，集团将以核心技术为基础、以市场应用为根本、以人才团队为支撑、以全产业链为方向、以创世界品牌为目标，五年内建成实现销售收入超百亿、资产规模超百亿，国内一流、国际知名的高科技集团。

第二节　主营业务情况

一、北斗国际化取得了一系列丰硕成果

（一）泰国

2015年1月，泰国科技部、湖北省人民政府、武汉光谷北斗共同主办"鄂

泰技术转移与合作三方对话会议"，就建立鄂泰技术转移中心战略合作达成共识，湖北省科技厅与泰国科技部共同签署了《联合建设"鄂泰技术转移中心"会议纪要》。

2015年3月，光谷北斗与泰中文化促进委员会、泰国湖北商会正式签署了三方共建《"中国—东盟北斗科技城"战略合作协议》。中国—东盟北斗科技城通过引进北斗及地球空间信息、电子信息、智能装备制造、光电子产业等武汉优势产业，打造泰国武汉工业园，深化湖北省与泰国在科技、经贸、文化、教育等多领域的交流与合作，为湖北省率先践行"一带一路"国家战略、产能输出等提供契机。

2015年6月，商务部向光谷北斗正式下发了《商务部关于批准武汉光谷北斗控股集团有限公司在泰国建设"北斗地基增强系统"的批复》文件。光谷北斗将在泰国建设覆盖全境内220座北斗CORS基站及北斗GNSS中心，服务于泰国重点行业及民生应用领域。在泰国投资建设北斗CORS站是我国在"一带一路"上投资建设的重大互联互通基础设施工程之一，对于"一带一路"和北斗"走出去"国家战略的实施将发挥重要的示范和带动作用。

（二）其他国家

2015年5月，光谷北斗与斯里兰卡测绘局签署了合作会议纪要，与斯里兰卡地方政府联合会签署了合作备忘录。6月，与莫斯科国立测绘大学签署了合作备忘录，并共同举行了科研用的北斗CORS基站建设启动仪式。

二、国内北斗产业示范与行业应用初现成效

光谷北斗着力于北斗在国内桥梁、矿山、交通、环保、农业、养老、医疗、电力、高铁、湖泊等重点行业的应用，"以项目总承包吸引企业抱团、以工程应用吸引行业集聚、以市场拓展助力产业做大"。

1. 武汉市北斗桥梁安全监测应用示范项目

2016年1月，武汉市北斗桥梁安全监测、北斗地表沉降监测等"3桥1降北斗应用示范项目"先后公开招标，光谷北斗击败多家单位，陆续中标。

2. 武汉市新港船舶安全监管项目

2015年10月，光谷北斗为武汉市港航管理局建成了北斗船舶监控管理平台，对目前海外航线（日本、韩国、越南、泰国等）船舶实现实时监控并统一平台管理。

3. 黄石三鑫铜矿地面沉降及边坡监测项目

2015 年 2 月，光谷北斗旗下的黄石北斗城市运营股份有限公司与湖北三鑫金铜股份有限公司签订了《北斗高精度地表沉降监测预警系统及北斗车辆定位系统项目》协议。目前该项目施工完毕，通过验收。

4. 黄石地下管线普查与信息化建设项目

2015 年 9 月，光谷北斗中标"黄石市城市地下管线普查与信息化建设项目"。将对黄石市 3000 公里的城市地下管网进行北斗技术的普查，随后建立地下管线综合信息管理系统，促进城市精细化管理，为海绵城市建设作贡献。

三、技术创新及科技成果转化取得优异成绩

截至目前，武汉光谷已申请知识产权 134 件，其中发明 43 件，实用新型 64 件，外观设计 8 件，软件著作权 19 件；已获授权知识产权 59 件，其中实用新型 36 件，外观设计 4 件，软件著作权 19 件。

武汉光谷北斗被湖北省科技厅、省财政厅等部门认定为"高新技术企业"，被湖北省经信委认定为"软件企业""软件产品企业"，被湖北省科技厅认定为"国际科技合作基地"，被湖北省发改委认定为"省级企业技术中心"，被武汉市商务局认定为"服务外包企业"。被武汉市评为 2015 年度"武汉外经贸合作先进企业"。2014 年和 2015 年连续两年被武汉东湖开发区评为"瞪羚企业"。2015 年 2 月，顺利通过 ISO9001 质量管理体系、ISO14001 环境管理体系、OHSAS18001 职业健康安全管理体系认证。

2015 年 9 月，公司"基于 GNSS/INS 集成的大型缆机智能诱导与防撞预警关键技术研究及应用"获得 2015 卫星导航定位科技进步奖一等奖（省部级）。10 月，公司"基于多模卫星导航定位的矿区边坡变形在线监测关键技术应用示范"获得 2015 国家测绘科技进步奖二等奖（省部级）。

第三节 经营战略

一、战略目标

践行北斗"走出去"国家战略，以"打造国际知名、国内领军的北斗高科技集团"为发展目标，以"北斗行业应用总承包、北斗核心产品开发、北斗产业投

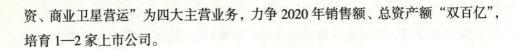

资、商业卫星营运"为四大主营业务，力争 2020 年销售额、总资产额"双百亿"，培育 1—2 家上市公司。

二、战略原则

实施"走出去"战略，以东盟市场为桥头堡，实现光谷北斗的国际化战略；以外促内，内外并举积极开拓国内行业应用，不断提升产品和服务的市场占有率及品牌知名度；运用资金杠杆和市场手段，实施合资、合作及并购，形成以光谷北斗为龙头的完整产业链及产业集群；在较短时间内，把光谷北斗打造成国内一流、国际知名的高科技集团公司。

三、主要产品及行业解决方案

光谷北斗近年研发了近 10 款新产品，包括：北斗高精度接收机、北斗智慧车机终端、北斗 OBD、北斗老人关爱手表、北斗移动 CORS 基站、北斗桥梁安全监测系统、北斗沉降安全监测系统、矿山形变监测预警系统、北斗智慧交通管理平台系统、北斗海洋船舶监管系统。

（1）北斗移动 CORS 基站：基于北斗的移动式 CORS 地基增强系统，用于在没有固定基准站或原基准站因灾难等原因损坏的情况下，快速搭建临时的基准站，以满足各类不同行业用户在突发事件情况下对高精度位置服务的需求。北斗移动 CORS 站已于 2015 年 3 月面向全球首发。泰国已有三家单位与光谷北斗签订了 9 台购买协议。

（2）北斗桥梁安全监测系统：通过综合北斗卫星定位技术、现代传感技术、信号分析与处理技术、云计算技术、预测技术及桥梁结构分析理论等多个领域的先进技术，实时、精确的监测桥梁结构参数，对桥梁损伤位置及相对程度做出评估与预警。北斗桥梁安全监测系统已在武汉市的江汉二桥、白沙洲长江大桥梁上得到应用。

（3）北斗沉降安全监测系统：基于高精度卫星定位技术的自动化监测系统与现代传感监控技术进行完美融合，为地质沉降安全检测提供全新的技术手段。2015 年 2 月，光谷北斗与湖北三鑫金铜股份有限公司签订了在湖北三鑫金铜股份有限公司矿区整体安装北斗沉降安全监测系统的协议。

（4）矿山形变监测预警系统：专门针对尾矿库、矿区采空区地表沉降监测、山体边坡、水库大坝形体变形监测、地质灾害（滑坡、泥石流）的监测等存在的微小变形问题打造的一套高精度、全自动、无人值守的形变监测解决方案。矿山形变监测预警系统已在黄石部分矿区进行了应用。

（5）北斗智慧交通系统：将北斗卫星导航技术、信息、通信、控制和计算机技术将人、车、路三者紧密协调、和谐统一，而建立起的大范围内、全方位发挥作用的实时、准确、高效的运输管理系统。2015年6月，武汉联众世纪融资担保有限公司已与光谷北斗签订协议，批量购买了北斗智慧车机终端及北斗智慧交通管理平台系统。

（6）海洋船舶管理系统：海洋渔业应用解决方案主要提供渔船船位监控指挥管理系统和渔政执法下的移动指挥管理系统。为海上渔业生产作业者提供导航、求救等安全生产服务，以及航海通告海况、鱼讯等服务；为渔业管理部门提供渔船船位监控、渔船紧急救援指挥等管理手段，以及渔业政策发布、海上台风通告等服务。海洋船舶管理系统于2015年10月成功为武汉市港航管理局服务。

（7）北斗高精度接收机：内置Linux操作系统，搭载我国完全自主知识产权的先进高精度主板，支持外部频标输入、事件输入及大容量数据存储，支持连接气象仪、倾斜仪等传感器输入，是北斗地基增强系统建设和形变监测的最佳选择。北斗高精度接收机已在武汉市北斗桥梁安全监测和地面沉降监测项目中应用。

第二十五章 中国东方红卫星股份有限公司

第一节 企业基本情况

中国东方红卫星股份有限公司，简称中国卫星，是中国航天科技集团公司第五研究院控股的上市公司。主要从事小卫星、微小卫星研制业务和卫星应用业务，是具有天地一体化设计、研制、集成和运营服务能力的产业化集团公司，主营业务包括卫星研制（小型、微小型卫星）和卫星应用（卫星导航、卫星通信、卫星遥感、综合应用等），在多数业务领域都处于国内优势地位。在卫星研制领域，公司长期在国内小卫星研制市场拥有超过85%的市场份额，占据龙头地位。小卫星产品包括高分系列、海洋系列、实践系列等，在对地观测、海洋经济建设、科学试验等领域发挥重要作用。在卫星应用领域，公司产品覆盖了卫星通信、卫星遥感、卫星导航以及综合应用等范围，居市场领先地位。

第二节 主营业务情况

一、遥感领域

作为国内唯一实现空天一体化服务的全产业链卫星企业，公司在遥感卫星出口取得零的突破后，成功地接收了委内瑞拉遥感卫星数据，拓展了遥感领域天地一体化产业优势。公司配套完成了委内瑞拉遥感卫星地面应用系统数据接收分系统相关单机子系统、图像处理分系统、运行管理分系统等遥感应用领域的项目。

公司加大推进卫星遥感领域相关产品、系统的研制生产进程，将遥感一体化仿真平台与智慧城市相结合，融合测绘、GIS、云技术，形成了综合服务完整产业链的系统集成与产品研制能力。开发了和研制了遥感测绘一体化采集、处理与应用系列软件产品及工具，为公司向遥感数据服务领域拓展奠定基础。

二、卫星通信领域

在卫星通信领域具有主导地位。公司利用基于 DVB 新协议簇的 VSAT 核心卫星通信技术，研制了中国第一款完全自主研发的卫星通信系统产品——Anovo 卫星通信系统。实现信息安全高可靠性，终结中国多个行业长期依靠进口 VSAT 设备进行卫星通信系统组网的局面。公司创新采用模块化灵活配置，满足不同用户的多样化应用需求。

三、卫星导航应用

公司在卫星导航应用领域涉及空间段、地面段终端产品以及导航芯片的研制。主要产品包括：车、船、机载及手持型北斗导航用户机、北斗 /GPS 双模导航用户机、北斗一代芯片等。承担了国家北斗导航网络的首次文字直播任务以及国家 "863" 计划 "应急减灾特种导航终端技术与示范" 项目。导航终端产品被广泛应用于包括上海世博会在内的多项应用示范项目。

第三节　经营战略

一、保持小卫星的主体研究地位

中国卫星背靠航天五院，在国内小卫星市场的占有率接近 90%，处于绝对领先地位。五院承担了我国几乎所有卫星和载人航天器的研制任务，拥有国内独一无二的航天器研制平台、产品开发经验和航天人才，拥有神舟、长征等航天品牌和自主知识产权。公司在小卫星研制领域的主体地位在未来几年不会动摇，卫星研制收入将稳步增长。首先，卫星研制是系统工程，需要有总体、结构、控制、推进、能源、热、环境等各专业配合设计，依靠完整的研保基础条件，通过大量的地面试验以应对真空、高低温变化、辐射、电磁干扰、原子氧腐蚀等恶劣环境，设计出可靠的产品。其次，长期积累的研制经验以及卫星实际飞行数据是中国卫星巩固优势地位的重要资源，卫星在太空中飞行完全不同于地面产品，很多时候即使是一个微小的错误都将因为无法维修处理导致整颗卫星的失效，新进企业必然将面临更多的不确定性。再次，卫星研制市场正逐步发展壮大从而降低新进入者带来的影响。

二、军民融合深度发展战略

中国卫星拥有卫星研制和应用领域先进技术，军品订单要求极高，但市场容量有限，公司可发挥军品技术优势尽快涉入高端民品市场，拓宽发展空间。未来的商业模式将有很多种，卫星制造公司可以代替客户负责地面运营，或者不卖卫星只卖数据，这将是商业模式上的巨大转变，卫星公司有可能华丽转身为数据公司和云平台。卫星产业与互联网相结合，开启民用市场。

第二十六章　成都振芯科技股份有限公司

第一节　企业基本情况

　　成都振芯科技股份有限公司是成立于 2003 年 6 月的国家级高新技术企业，于 2010 年 8 月在深圳创业板成功上市。公司是入驻国家集成电路设计成都产业化基地的首批企业之一，是四川省第三批建设创新型培育企业、四川省集成电路设计产业技术创新联盟成员单位，也是航空、船舶等国有大型科技工业企业的电子元器件配套定点单位。

　　公司拥有视频图像领域雄厚的技术实力，以"视频监控—智能安防"为发展战略，致力于为国内安防监控行业的用户、集成商和渠道商提供全面专业的系统产品、整体解决方案及本地化服务。公司以"高清智能、行业应用、联网扩容"为核心的网络智能安防监控总体解决方案及各种产品已广泛应用于公共安全、金融、交通、能源、城市管理、行政监管、厂矿企业、医院学校、楼宇园区、电信通信等多个领域。

第二节　主营业务情况

　　成都振芯科技多年来致力于围绕北斗卫星导航应用的"元器件—终端—系统"产业链提供产品和服务，拥有北斗分理级和终端级的民用运营服务资质，被列为国家重点支持的北斗系列终端产业化基地。主要产品包括北斗卫星导航应用关键元器件、高性能集成电路、北斗卫星导航终端及北斗卫星导航定位应用系统。经过多年的拼搏，公司已发展成为国内综合实力最强、产品系列最全、技术水平领

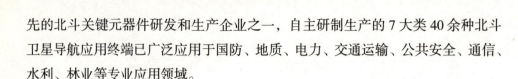

先的北斗关键元器件研发和生产企业之一，自主研制生产的 7 大类 40 余种北斗卫星导航应用终端已广泛应用于国防、地质、电力、交通运输、公共安全、通信、水利、林业等专业应用领域。

一、高端器件

GX281 北斗双频导航定位板卡，用于接收处理北斗二号 B3 频点、B1 频点 / GPS-L1 卫星导航信号。完成用户位置速度时间（PVT）等信息的解算，支持单系统单频定位，双频定位和北斗 /GPS 双系统联合定位。其结构和主要接口兼容于 JNS100-GG GPS 板卡，方便用户从 GPS 应用转换为北斗系统应用。

GX246 是基于"北斗二号"导航系统进行研制，单板实现卫星授时、定位功能。可从 GPS 授时或北斗一号三星无源定位授时转为北斗二号授时。GX246 亦可选装 GPS L1 射频模块，以兼容 GPS 授时或实现北斗 /GPS 组合授时定位；或选装北斗二号 B1 射频模块，实现北斗二号双频授时定位。

二、北斗导航

星睿—北斗 RDSS 一体式手持终端是一款适合个人使用的便携式北斗终端。具有北斗 RDSS 通信功能，北斗 RDSS、RNSS 和 GPS 定位功能。采用安卓系统，一体式设计，体积小、功耗低，整机防跌落、防水设计，整机防跌落、防水设计，能在恶劣的环境下完成工作，可靠性高，在卫星信号短暂失锁情况下，具有航迹推算功能。

北斗 /GPS 车载终端主要是通过 GPS/BD-2 实现多种方式定位，通过 GPRS 网络与监控中心通信，由此构成 GPS 及 BD-2 卫星定位监控系统，实现定位跟踪及智能应用。设备提供数据接口，可以与各类显控设备、摄像头、各类传感器进行连接。

三、模块

BD/GPS/GLONASS 定位导航 OEM 板具有接收北斗二代 B1 频点和 GPS（L1）、GLONASS（L1）频点信号实现导航定位、测速和授时功能。能够通过配置，分别实现北斗二号、GPS、GLONASS 单系统定位，北斗二号 /GPS、北斗二号 / GLONASS、GPS/GLONASS 双系统定位，北斗二号 /GPS/GLONASS 三系统组合共 7 种模式；能够输出卫星信息，包括可见卫星、跟踪卫星、参与解算的卫星、卫星号、方位角、仰角、信噪比、卫星健康状况、RAIM 信息、卫星历书、星历等信息。

第三节　经营战略

公司以"N+e+X"为战略布局,"N"是以北斗导航为基础的组合导航体系,融合卫星通信、遥感与地理信息、视频及光电技术、高性能传感器等技术,作为大数据集聚的硬件基础;"e"是指互联网及卫通互联网;"X"是指以用户为中心,以系统平台和大数据服务为手段的多种行业应用,如智慧城市、智慧生活、快乐生活、物联网等领域。公司未来将以卫星智能硬件为基础,结合互联网和卫星互联网,以用户为中心,挖掘大数据,创新应用服务模式,不断拓展互联网、卫星互联网数据应用的深度与广度,成为互联网、卫星互联网综合应用服务提供商。

第二十七章　中森通信科技有限公司

第一节　企业基本情况

中森通信是一家集北斗导航产品研发、生产、销售和服务于一体的集团企业，旗下包含三家公司：厦门国海中森航电科技股份有限公司、成都中森通信科技有限公司和湖南中森通信科技有限公司。厦门国海中森航电科技股份有限公司是新三板挂牌企业；成都中森通信科技有限公司拥有十年的北斗导航军用产品研制和生产经验；湖南中森通信科技有限公司拥有北斗导航民用产品研发生产、系统集成和运营服务的丰富经验。

中森通信一直以全球化的视野推动北斗导航产业全方位、宽领域发展，深入布局发展手持终端产品、导航技术平台和系统集成三大业务，致力于成为北斗行业的领先者。公司主要产品包括北斗手持用户机、北斗车载用户机、北斗综合信息终端、多模多频导航基带芯片、多模多频 OEM 板卡、多模多频抗干扰阵列天线等设备，及北斗卫星信号完好性监测系统、北斗卫星导航车辆监控系统、北斗森林防火应用系统等解决方案。公司产品应用涉及国防、消防、交通、国土、水利和应急救灾等领域。公司以每年超过 20% 销售收入投入研发，自主研发核心技术，拥有多项知识产权，技术水平处于国内领先地位。经过多年的技术积累，中森通信自主研发了抗干扰、高精度等多项在国内处于领先水平的核心技术，目前已有专利 30 多项，软件著作权 10 多项。

中森通信是国家认定的中国地理信息百强企业以和高新技术企业，拥有北斗导航民用服务资质和北斗导航民用分理服务试验资质，拥有管理单位认证授权的北斗用户终端检测中心和北斗导航市级工程技术研究中心创新平台。

中森通信秉承"专业、创新、合作、共赢"的经营理念，为客户提供创新的产品和优质的服务，全力以赴为客户创造价值和成功，打造和传承值得信赖的"中森通信"品牌。

第二节　核心技术

中森通信坚持走自主创新的道路，持续不断地在关键领域进行技术研发投入，在技术研发和知识产权等方面拥有丰富的积累。2015年中森通信自主研发完成了高动态、高灵敏度和抗干扰等多项在国内处于领先水平的核心技术，申请发明专利10项。

一、基带芯片技术

多模多频高动态和高灵敏度导航基带芯片技术支持全系统全频点接收处理，在单芯片内进行信号处理、信息处理以及直接输出导航定位结果。其具有多模多频、高动态、高灵敏度等先进特性，可实现多系统组合定位、导航、测速和授时功能。导航基带芯片技术中，定位与测速精度指标的关键模块技术，保证了在相同的外部伪距和多普勒输入条件下，定位测速精度的最终指标性能；定位测速解算过程主要采用自适应高动态的卡尔曼滤波技术。为适应高动态条件，用户运动模型可估计出用户位置、速度、加速度、钟差及钟速，能够满足各种运动场景需求。在时间捕获方面，利用惯导辅助信息可以进一步提高性能，降低捕获时间消耗；在跟踪方面，惯导信息的辅助可以进一步提高灵敏度。

二、抗干扰技术

北斗多阵元抗干扰阵列天线具备抗宽带、窄带干扰的能力，天线的多阵元接收卫星导航信号，信号经过低噪放、下变频通道后送入抗干扰数字处理模块进行自适应滤波处理，而后将进行抗干扰处理后的中频信号经过上变频通道输出，供北斗接收机使用；抗干扰关键技术涉及空时自适应滤波、矩阵求逆算法、宽带波动校准以及数字多波束等核心技术，适用于装甲车、指挥车等装备的定位、导航和测速应用。

第三节 产品研发

中森通信经过多年的拼搏，已发展成为国内综合实力强大、技术水平领先、产品系列齐全的北斗导航产品研发和生产企业。公司手持终端产品主要以便携式导航和智能终端为主；导航技术平台专注于北斗导航芯片、OEM 板卡和抗干扰天线等核心产品研制；系统集成为用户提供基于卫星导航定位技术的综合解决方案。2015 年，公司重点改进和新研发了多款产品包括。

中森通信经过多年的拼搏，已发展成为国内综合实力强大、技术水平领先、产品系列齐全的北斗导航产品研发和生产企业。公司手持终端产品主要以便携式导航和智能终端为主；导航技术平台专注于北斗导航芯片、OEM 板卡和抗干扰天线等核心产品研制；系统集成为用户提供基于卫星导航定位技术的综合解决方案。2015 年公司重点改进和新研了发多款产品包括。

一、北斗手持型用户机

北斗手持型用户机是基于北斗卫星导航系统 RNSS 和 RDSS 两种工作模式的小型化手持型用户终端设备，具备连续实时导航、定位、测速、短报文通信、授时、位置报告和抗干扰等功能。产品结构小巧、轻便、便于使用和携带，可满足各种场景使用。

二、北斗综合信息终端

北斗综合信息终端是一款支持北斗 RNSS/RDSS 双模、GPS L1 及 3G/4G 无线加密通信的大屏高分辨率超薄小型化智能手持终端，可提供定位、导航、通信、授时、位置报告、信息加密传输、图像采集、态势共享等综合服务。产品体积小、重量轻、防水、耐温、抗震；具备外置天线接口，适合安装外置天线实现车载使用。

三、多模多频OEM板

多模多频 OEM 板卡支持接收处理 RNSS 信号、GPS L1 频点 C/A 码信号和 GLONASS F1 频点，实现多系统组合定位和授时功能。具备定位模式切换功能，兼顾准静态、静态、车载、机载的应用需求，满足用户在不同场合的使用。

四、北斗卫星导航车辆监控系统

车辆监控系统主要由北斗车载终端、北斗交通运输运营服务平台、用户车辆监控中心等组成，以公共交通车辆为载体，集光、机、电和信息技术等 ITS 基础技术为一体，为车辆提供全天候移动式查看平台，从而达到提高车辆管理水平，并提供多样化的增值服务。

第四节　市场应用

依托技术优势和产品优势，公司将北斗卫星导航融入到国防应用、汽车电子、地理信息、移动互联网和智慧城市等产业中，构建新的综合信息服务体系。随着公司的快速发展，公司产品已渗入到各行各业，在国防、消防、交通、国土、水利和应急救灾领域得到了广泛应用、成效显著。

在国防应用领域，公司自主研制的北斗终端，利用其高灵敏度、高可靠的定位能力和通信能力，已经批量装备和应用，服务于手持使用、车载应用和应急演习等应用场景，为国防建设发展提供了强有力的支持和优质服务。

交通运输业具有多点、线长、面广和移动的特点，公司以现有的车辆联网系统为基础，紧密结合北斗产品导航、定位、授时的服务特点，提供了车辆监控管理的解决方案。基于北斗的车辆管理监控系统在中小学校车管理、警车巡逻管理、公车管理、公务车辆管理等方面进行了应用示范，提高了车辆管理效率，大大节省了运营成本，为城市交通的可持续发展作出了贡献。

在应急救灾方面，公司的指挥型用户机、手持型用户机、车载型用户机应用于森林防火监控系统和山体滑坡形变监测系统，以信息化建设提高了防灾的装备水平。森林防火监控系统集成北斗卫星定位及通信、无线移动 3G 网络、微波通信等技术，实现森林火灾的动态监测与管理，为大幅提升现有的森林防火预警与指挥决策管理水平提供了强有力的保障；山体滑坡形变监测系统以卫星导航技术为核心，在各种类型的岩质和土质滑坡区域进行变形监测和安全预测预报，对露天煤矿、铜矿、铁矿等的安全监测发挥了重要的作用。

展望篇

第二十八章　全球卫星导航产业发展趋势

第一节　发展趋势

一、应用区域正从欧美地区向亚太地区扩张

未来全球导航卫星产业将继续保持平稳增长，应用全球导航卫星系统的国家和地区将进一步从传统的北美地区和欧洲地区，向亚太、中东和非洲地区扩张。亚太地区和国家的导航卫星产业将快速增长，中东和非洲地区的卫星导航产业也将步入较快的发展阶段。

二、从以车辆应用为主转变为以个人消费为主

随着卫星导航技术的高精度化、集成化、微型化发展，较好地解决了物理遮蔽、位置共享、互联互通和安全性等问题。全球卫星导航产业正在从车辆应用为主的向个人消费为主发展，其相关的设备服务已经从车载系统和便携式导航仪等仪器设备发展到了个人定位设备、应急定位发射器、可穿戴设备、移动支付等领域。

三、从销售终端产品为主转变为提供位置信息服务为主

卫星导航技术与惯性导航、通信、网络等技术深度融合，将大幅提升导航服务的可靠性和稳定性。物联网、移动互联网、智能交通系统、智慧城市发展对位置信息释放了巨大需求，位置信息服务正在成为迅速增长的新兴业态，势必推动卫星导航产业从销售终端产品为主向位置服务为主的信息服务转变。

第二节　发展预测

　　根据 GSA 的数据测算，2015 年全球卫星导航产业的核心市场为 540 亿美元，2016 年将达 560 亿美元，增长幅度约为 4%，到 2020 年，其核心产业将达到 700 亿美元。赛迪智库认为，2016 年全球卫星导航产业规模将超过 1600 亿美元，与2015 年相比，增幅为 7%，到 2020 年，全球卫星导航产业规模将超过 2100 亿美元(见图 28-1)。

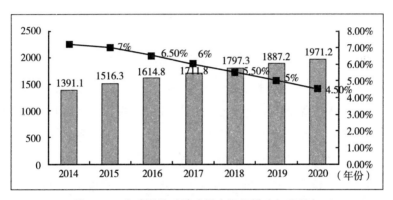

图28-1　全球导航系统应用市场规模（亿美元）

资料来源：赛迪智库，2016 年 3 月。

第二十九章 2016年中国北斗导航产业发展形势展望

第一节 发展趋势

一、关键核心技术突破将带动产业快速发展

制约卫星导航产业发展的关键核心技术是"两芯两端一件","两芯"是指通用导航芯片、高精度高性能系统级芯片;"两端"是指授时终端和导航终端,"一件"是指3S软件(北斗导航定位系统、遥感系统、地理信息系统)。国家相关部委在"十三五"时期,将实施《北斗卫星导航产业应用重大示范专项》、《国家民用空间基础设施中长期发展规划(2015—2025年)》《中国制造2025》等一系列重大政策,都将推动北斗在核心芯片、基础算法等共性关键技术实现突破。这些技术的突破,将会促使产品成本大幅降低,应用范围不断扩大,带动产业快速发展。

二、高精度定位将成为北斗应用市场发展主流

随着高精度定位技术获得突破和北斗地基增强系统基础设施的建设完善,我国北斗高精度定位技术已达到厘米级,处于国际领先水平。移动互联网、物联网的迅速普及,产生越来越多更高精度的定位信息需求。室内室外无缝连接,以及大量个人消费的需求将推动高精度定位广泛应用。

三、商业模式创新将引领北斗产业新一轮发展

"北斗+"能否成功,北斗生态体系能否建成,关键在于商业模式创新。根据不同应用领域的特点和需求,采取灵活多样的商业模式,将有利推动北斗产业规模化发展。比如:在交通运输领域可采用的"用户免费安装终端、收取年费服

务"模式,在海洋渔业领域可采用的"低价终端产品 + 免费应用平台 + 长期运营服务"模式,以及在民生关爱领域可采用"产品 + 智能 + 互联网 + 服务"模式等。

第二节 发展预测

一、我国卫星导航产业总体规模测算

我国卫星导航产业已经形成一定规模,并且增速迅猛,未来市场不可小觑。参考各研究机构预测和数据,结合我们对 2016 形势的分析、判断,赛迪智库认为,2016 年,我国卫星导航产业规模 3101 亿元左右,预计到 2020 年,我国卫星导航产业在 4600 亿元左右,2016 年到 2020 年,我国卫星导航产业增长率为 12% 左右(见图 29-1)。

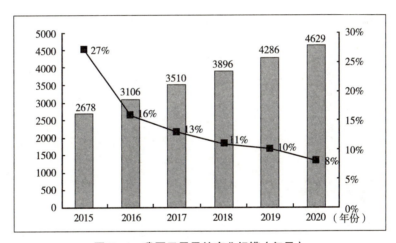

图29-1 我国卫星导航产业规模(亿元)

资料来源:赛迪智库,2016 年 3 月。

二、北斗卫星导航产业规模测算

随着北斗专项工程的相继推出和北斗应用范围不断拓展,我国北斗卫星导航产业呈现快速发展的态势。2016 年我国北斗卫星导航产业规模 1245 亿元左右,同比增长 42%;预计到 2020 年,北斗卫星导航产业规模 3200 亿元左右,2016 年到 2020 年,我国北斗卫星导航产业增长率为 30% 左右,将占全国卫星导航产业规模的 71% 左右(见图 29-2)。

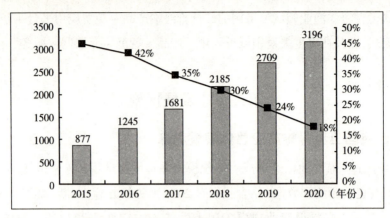

图29-2　我国北斗卫星导航产业规模（亿元）

资料来源：赛迪智库，2016 年 3 月。

后 记

　　《2015—2016 年中国北斗导航产业发展蓝皮书》是在我国北斗卫星导航系统步入全球组网和北斗导航产业持续深入发展的背景下，由中国电子信息产业发展研究院赛迪智库军民结合研究所编写完成。

　　本书由樊会文担任主编。主要内容的撰写分工如下：李宏伟负责书稿的整体设计并组织实施，郭艳红、张力撰写综合篇、热点篇、展望篇，马智伟撰写产业链篇，张力撰写行业市场篇，杨少鲜撰写政策篇，赵汉青撰写区域篇、企业篇，李宏伟、马智伟等负责修改定稿。

　　本书撰写过程中得到了工业和信息化部相关领导、卫星导航领域专家的悉心指导和大力支持，在此表示衷心感谢。

面向政府　服务决策

思想，还是思想
才使我们与众不同

《赛迪专报》　　　《两化融合研究》　　《财经研究》

《赛迪译丛》　　　《互联网研究》　　　《装备工业研究》

《赛迪智库·软科学》　《网络空间研究》　　《消费品工业研究》

《赛迪智库·国际观察》《电子信息产业研究》《工业节能与环保研究》

《赛迪智库·前瞻》　《软件与信息服务研究》《安全产业研究》

《赛迪智库·视点》　《工业和信息化研究》《产业政策研究》

《赛迪智库·动向》　《工业经济研究》　　《中小企业研究》

《赛迪智库·案例》　《工业科技研究》　　《无线电管理研究》

《赛迪智库·数据》　《世界工业研究》　　《集成电路研究》

《智说新论》　　　《原材料工业研究》　《政策法规研究》

《书说新语》　　　　　　　　　　　　《军民结合研究》

编　辑　部：赛迪工业和信息化研究院

通讯地址：北京市海淀区万寿路27号院8号楼12层

邮政编码：100846

联 系 人：刘颖　董凯

联系电话：010-68200552 13701304215

　　　　　010-68207922 18701325686

传　　真：0086-10-68209616

网　　址：www.ccidwise.com

电子邮件：liuying@ccidthinktank.com

研究，还是研究
才使我们见微知著

信息化研究中心	工业化研究中心	规划研究所
电子信息产业研究所	工业经济研究所	产业政策研究所
软件产业研究所	工业科技研究所	军民结合研究所
网络空间研究所	装备工业研究所	中小企业研究所
无线电管理研究所	消费品工业研究所	政策法规研究所
互联网研究所	原材料工业研究所	世界工业研究所
集成电路研究所	工业节能与环保研究所	安全产业研究所

编 辑 部：赛迪工业和信息化研究院
通讯地址：北京市海淀区万寿路27号院8号楼12层
邮政编码：100846
联 系 人：刘颖 董凯
联系电话：010-68200552 13701304215
　　　　　010-68207922 18701325686
传　　真：0086-10-68209616
网　　址：www.ccidwise.com
电子邮件：liuying@ccidthinktank.com